森信三語録

下学雑話

森信三

致知出版社

智慧の光明たまわりて

この度、「全一学《ぜんいつがく》」の提唱者・森信三先生の『下学雑話《かがくざつわ》』が、致知出版社から新装出版され、広く多くの人に読まれますことは、大変に嬉しいことです。

森信三先生の出版を手掛けていただいている致知出版社からは、『森信三 運命を創る100の金言』『幻の講話』そして『下学雑話』とここ一年に出版されています。このことは、藤尾秀昭社長の、森信三先生への篤い思いの表れであり、敬服致しております。

「下学」とは、手近で初歩的なことから学ぶことを意味します。

この語録は、森信三先生が、天王寺師範学校において、「哲学倫理」の授業中、講義の合間に話された談話を生徒が筆記し、森信三先生が訂正加筆して成ったものです。現在もロングセラーの不朽の名著『修身教授録』の姉妹篇でもあります。

本書は語録ですが、人生観、教育観、又、教育者のあるべき姿、読書の方法、生活の心得等々、森先生ならではの慈愛あふれる言葉がちりばめられています。

この語録を読み進むうちに「なるほど、なるほど」と感動と感銘、熟考もされることと思います。即ち、読めば読むほどに惹《ひ》かれていき、それは私たちの生き方や現実を変革する力となります。まさに求道の語録であり、そこには、智慧《ちえ》の光が輝いています。この光明をたまわりましょう。

およそ大宇宙の真理は、この世の覚者《かくしゃ》によって直観され、その覚者の真言によって私たちに伝えられているのです。森先生はこの覚者のお一人です。その真言《しんごん》を、私たちは実践していくことが大切です。そして更《さら》に深めるためにも、日々努力精進、切磋琢磨《せっさたくま》していくことです。

現代の超科学文明、超情報化時代は、知らぬ間に巧妙に流されていく社会ですので、自分を見失いがちです。それゆえ「自己とは何ぞや」を問うていくことは大切です。このことを証していく思想が、森信三先生の「全一学」なのです。即ち「全一学」とは、魂の大地性・いのちの呼応なのです。

この「全一学」をわかりやすく表現すれば、「真理は現実の唯中《ただなか》にあり」であり、更に私たちは身心相即なる存在ゆえに、「人生二度なし」と「腰骨を立てる（立腰《りつよう》）」の実践行です。立腰とは、天と自分と大地が鉛直《えんちょく》につながり、絶対の世界・大宇宙とエコー（響感《きょうかん》）していくことであります。

私は昨年のはじめに「立腰国日本！」を提唱しました。私たちは、森先生直伝の、立腰を実践伝播《でんぱ》していく全一学徒・現代の志士となり、教育再生・日本再生に尽力していこうではありませんか。

高く深い思想がバックボーンにあるものが真に新しいのです！　本書は常に新しいのです。「発展とは根源に還《かえ》ることなり」。

本書をいつも手元におき、立腰にて味読しつつ共に求道の人生を歩みましょう。

平成三十年二月吉日

（一般社団法人）実践人の家　理事長　廣瀬　童心

下学雑話　目次

――思いきり――姿勢を正す――閃く言葉――哲人を要す――知名にして
報ゆ――棺を蓋いて事定まる――さもしき教師――自らを誇らず――弟子
の態度――総合と称して――書は人なり――『正法眼蔵』――師恩――流
行語――谷秦山先生――朗読尊重――化――時を守る――提出期限心得
――修身教授――ひたむきに進む――一燈園の行願――講習会――決断
――下座講――甘受と低所――書生気質では――席を変える――真学への
入門――道は多くして――人それぞれ――夫婦は心を一つにして――心身
一如――少年よ大志を抱け――教室の空気――利他行――馬鹿になり切る
――十年の努力――自反不抜――修養無限――人生二度なし――捨身――
比較せずに――腹声――渾身の呼吸――声は腹より――自問自答――化他
の行――一語一語――上中下――宗教とは――修行の順序――本の値打ち
――心すべきこと――返事一つに――救い――救済の自覚――身銭を切る
意義――さもしさ――返礼――事に没頭する――我にとっての真理――

——著述に関して——前席聴講——真の学者とは——真の教育——勤務の工夫——修養に金は惜しまず——年代において——即実行——漏さぬ工夫——専攻科——習うより慣れよ——組織——趣味——囲碁、将棋——職員室机上——部屋を飾る——必至の一道を——下位を内含する——自ら験す——霜雪を経て——老子的世界観——仏性を拝む——年長者に肯く——「永生」——

装　幀――フロッグキング・スタジオ
編集協力――柏木　孝之

下学雑話（一）

筆録者　大平　馨

■感受性 1

感受性なくして、真の学問は不可能なり。もとよりそれは、単なる過敏の謂《い》いではなくて、人格の中枢に徹《とお》れる内面的感受性の謂いなり。

■不書の経文 2

書物を読むのみが学問にはあらず。真の学問とは、現実の天地人生を読むことなり。真の書物は現実の天地人生の縮図なり。故に実人生とその写しとを取り違えぬこと、これ学問入門の第一義なり。古来一流の学者は、何れも活眼を開いて現実の天地人生を読みし人々なり。尊徳翁のいわゆる「不書の経文」を読むに非ずんば、未だ真の学問というべからず。

■真の著述 3

学問、ことに精神的な学問には、一定の定型なし。同一の天地人生も、これを見る人の個性の角度により、夫《それ》ぞれ異なる趣を呈するなり。学者の体験の相違は、その表現としての学問の組織に異同を生ず。学者の個性と人格が深く反映して、一語端にすら、著者の鼓動脈拍の感じられる趣あるを、真の著述とはいうべし。かくして学問はまた芸術に通ずる処《ところ》あるを知るべし。

■学の根本

4

学問における独自の個性は、学者自ら身を修めるを以て、学問の中心眼目となす処から、おのずと湧出して来るなり。心を正し身を修めて、そこに観ぜられる天地人生の真相を極めるが、学の根本第一義なり。故に真の学問は、如実にはわが一言一行の裡《うち》にこもるなり。

■学問とは

5

学問は、普通には頭脳を以てするものと考えらるれど、実は全身を提《さ》げて学ぶべきものなり。さらには自己を中心とする一家庭、一学級、一学校を提げて学ぶべきなり。否、さらに根本的には、わが一身を修めることを通して、治国平天下の大業にも連なるべきなり。

6 学問の自覚

直線は、如何《いか》に延長するも、ついに直線を出でず。それが円となるには、直線は自らの進路を遮断せられ、無限にその方向を転ずるの極ついに成る。学問における自覚もまたかくの如し。

7 真の学問とは

真の学問は生活の全的統一の表現にして、所謂《いわゆる》定型なるものなし。先ず自己を修めて、その光が次第に周囲を照らし、ついには家国天下をも照らす性質のものなり。

8 学問の工夫

学問の工夫は人に見せびらかさず、独りを慎《つつ》しむにあり。が同時にそは所謂内緒事なるべからず。目標はあくまで公明正大なるを要す。かく言うは、一見矛盾せるが如くなれども、実は水も洩《も》らさぬ一体なり。

■競争心 9

学問にも或る意味での競争心は必要なり。意気地なく不甲斐なきものは、到底真の学問を為す能《あた》わず。しかれども、その意地と競争心とは常に純化せられて、歩々、公明正大なる世界に導かれるを要す。

■学問の中心 10

学問の中心は修身正心にあり。なかんずく正心なり。さらには情意の洗練浄化なり。真に正しき学問の態度は、一方には芸術に親しんで、その情操を豊富ならしめると共に、その豊かなる情操をあくまで洗練浄化して、それが行為として実現せられるに至る意志的鍛錬を要す。

■学問の基礎 11

学問の基礎は、日常の起居動作を慎しむと共に、他面純正なる芸術に触れるの要あらむ。

■生涯の工夫 12

学徒の注意を要すると思われる日常起居動作の二、三を挙げむ。道を歩くに正歩して、右顧左眄《うこさべん》は心散乱せるの証と知るべし。もしそれ、用なくして時々後《うしろ》を向くが如きは、まさに男子の為すべき事にあらず、また要なくして走らず。走れば乗れる電車も、遅刻の恐れなければ敢《あ》えて走らず。特に食堂、便所へ走るが如きに至っては、人物の程が窺《うかが》われるものなり。言葉を慎しみて要なきに言わず。室に入るに敷居をふまず。扉を半開のままにせず。紙屑《かみくず》を投げず。遠くより投げたる紙屑は、十中七、八は入らぬものなり。席を立っては必ず椅子を入れる。また電車中にては成るべく正面以外を見ず。もし心を惹《ひ》かれるものあらば、速《すみや》かに座席をかえ、向きを変えるを要す。家にありても食物の好悪を言わず。なるべく端座の時を多くすべし。また洗面の水を多く使用せず。新聞は読み了《おわ》ればたたみ置くべし。夜具、衣服、新聞紙の類を踏まず、人体は言わずもがな、物差その他、器物を跨《また》がず。大よそ以上は、学人日常の起居言動中、注意を要すべしと思われるものの二、三を挙げしのみ。他は自ら推して工夫すべし、されどこれだけのことでも、われら常人には容易のことに非ず。まさに生涯の工夫というべきなり。

■言霊　13

言霊《ことだま》を知らずしては国語教育をなす能わず。言霊を知るには、短歌或《あるい》は俳句に触れるがよし。

■嗜み　14

式場や講堂等に入っては無言。四肢身体を動かさず、いわんや足を組むが如きは最も慎しむべし。尚、以上の嗜《たしな》みを最もよく身につけられしは、皇族の方々の如し。

■沈黙 15

沈黙―朗らかなる沈黙。光、内より満ち溢れるがごとき沈黙。全国の小中学校の職員室の空気は、まさにこの一事よりて一変せむ。

■安心立命 16

学問の中心眼目は、安心立命《あんじんりゅうめい》にあり。しかも学問の分化発達によりて、この事ようやく見失われんとする傾向にあり。安心立命とは、順逆によりて心を二《ふたつ》にせず、順境なればとて調子に乗らず、逆境なればとて落胆せざるの謂《い》いなり。わが身の順・逆を静観すること、あたかも明鏡に物象の映ずるが如きをその目標とすべきなり。

■学問の道 17

順逆を静観するの態度確立せざれば、真の学問というを得ず。学問の道、あに容易ならんや。喜んで耽《ふけ》らず、悲しんで沈まず。されど無感覚のゆえに悲喜せざるは木石に等し。悲喜して、しかも流されざるもののみ、よく悲喜を超えるの一境に立つ。

学の本義

学の本義は人となるの他なし。教師とは人に、人たるの道を教えるの職なり。然らばわが身まず安心立命の境に与《あず》かるにあらずんば、教師たるの資格なきはずなり。学年初め、担任の組別けに不平の念を抱き、またそのかみの同級生の栄転昇給等に、心暗雲に閉《とざ》され、ないしわが現在の地位に対して不満の念を抱く程度では、未だ真に学びたりとは言い得ざるなり。 18

名利を脱す

順・逆一如の諦観は、その中すでに死・生一如の安立を含む。自己一身の名利の念を脱し得ざる間は、真に国のためと言うを得ず。己身の名利の悩みを脱し得て、初めて真に国と民族を説き得べし。ここに至って学問の道初めてその極処に 19

達すというべし。学問の道、げに遥かなるかな。学人たるもの、その始めに当って深く覚悟する処あるべし。

■身なりを 20

人間も三十五、六歳にもならば、多少は身なりに注意するがよし。但し若き内より靴下の破れだけは注意すべし。

■概論書に良書なし 21

所謂《いわゆる》概論書と名づけられるものに良書なきは、東西揆《き》を一にす。けだし書名は著者の個性を表《あら》わすべきに、通り一遍の名をつけて平然たること自身が、個性なき死書たることの何よりの証拠なり。

■理解 22

著者自身さえよくも理解せずに書ける書を読んで、理解出来ぬとて自信を失う者世に少《すくな》からず。悲喜劇の最たるものと言うべし。しかも所謂哲学書と称するものにこれが多し。

■哲学 23

哲学とは、躬《み》を以て自らの道を自証するの謂いなり。もし書物の中に分らぬ処あれば、分《わか》る時の来るまで隠忍して、専ら実践に力《つと》むべし。後再びこれを手にせんか、あたかも雲霧の開けしが如き感あらむ。

■真の哲学は 24

真に一つの言葉を解し得たと言うは、自分がそれを駆使するに到れる時なり。されば哲学上難解なる術語あるとも、そのままにして進みゆき、その用例に多く接することによって、自ら了悟するの期をまつべし。真の哲学は、哲学辞典などを繙《ひもと》くことによって解し得るほどに、簡単なものにあらず。

■知の三段階

知に三段階あり。直感知、悟性知、理性知これなり。ありのまま素直に受け入れるを直感知といい、その上について差別し、わが図らいを立つるを悟性知という。その上に脱然として突き抜け、知情意の一体処に至れるを、知の側より名づけて理性知というなり。これは直感を含むがゆえに生々《せいせい》たり。また悟性知を含むがゆえに理法の秩序整然たり。現今学校教育にて授けるところは、多くは悟性知の段階にあり。主知主義はいかぬといわれるも、それは知が悟性知の段階に留まって、未だ解《げ》行《ぎょう》一如の真知に至らざるが故なり。 25

■学人は

学人はすべからく虚心坦懐なるべし。自己に一物を有する間は、未だ真に他より学ぶ能わず。 26

■作歌

作歌への入門時に、作歌法の書を読むは愚なり。そは泳げぬうちから泳法の書を読むにひとしく、いたずらに念慮を労して益なし。

27

■天下第一等の師につく

作歌の初《はじめ》は、自分の肌にぴったりと合った大家、しかもその唯一人につきて、その作品を鑑賞し、真一文字にその中に突入すべし。鑑賞が暗誦するまでになれば、おのずと作りても見るものなり。それを、然るべき人について添削を乞うが、作歌への最捷径《しょうけい》というべし。

28

■絶対観

自分の位置を人と比較せぬがよし。一切の悩みは比較より生ず。比較を絶したる世界へ躍入する時、人は始めて卓立して、所謂、天上天下唯我独尊の境地となる。

29

■比較を絶つ 30

他人と自己との比較を絶つには、なるべく比較の材料となるものに接近せず、ひたすらわが仕事に打込むがよし。

■仕事に専念すべし 31

すべての人間の生活は、ある意味では皆みじめなり。自分のみと思うことなかれ。表を見、裏を見、愚に還ってひたすら己が仕事に専念すべし。

■校長職 32

校長という職は、一面からは最もみじめな役なり。およそ教師として最も楽しく幸福なるは、教壇に立つ間なり。然るに校長とは、この教師としての至幸至福の状権を剥奪《はくだつ》されし人間なり。ゆえに真の教育者は、校長たることを焦らぬものなり。

■円心を衝く

書物は一巻を費《ついや》して初めて一円を描くに過ぎず。然るに談話は、一挙直ちに円心を衝く。これ易簡、直截、実行を重んずる東洋にて、古来語録の重視せられし所以《ゆえん》なり。

33

■日々清新

いやしくも教師たる以上、通り一遍の紋切型な授業でなく、その日その日に、自己の感得した処を中心として、常に生命の溢《あふ》れた授業を為さむと心掛くべきなり。

34

■『地人論』を読むべし

地理教授の最大眼目は、世界におけるわが国の位置を自覚せしめるにあり。悠久三千年の歴史的背景をもつわが国の現有勢力の如実《にょじつ》を、地に即して照らし出すべし。単なる「地・人の相関々連」の語は、各国共通の地理科の目的ではあれど、

35

未だ必ずしもわが国の地理教授の根本目標としては足りず。この点を明《あきら》かにせざれば、所謂仏作って魂容れずとの憾《うらみ》あり。すべからく先ず内村鑑三先生の『地人論』を読むべし。

■神代遥遠

神代とは、かつては現実なりしも、われらの有限なる知力では、把握しがたき遥遠なる過去をいうなり。わが誕生日を真に知れるもの、地上に一人もなきが如く、有限なる人智をもては遡源《さくげん》し得ざる時代を神代とはいうなり。かくして日本史の始源は、永遠に神代より始まる一面あるを知るべきなり。

36

■著者の鼓動を聞く

書を読むに当《あた》っては、体系化されたる骨骼《こっかく》を手がかりとしつつ、その書を産み出した著者の体験の源泉に承当すべし。著者の人間に触れ、その鼓動を聞くに非ずんば、真に書を読むものとは言い難からむ。

37

■真の読書とは

一巻の書を真に読了したりとは、同一テーマにて、自己もまた一巻の書を書き得べきをいうと知るべし。著者の体認の源泉に遡《さかのぼ》れば、その源頭に達した時、そのまま自己に返照し来たって、わが独自の表現に至るべきなり。されど源泉に承当せざる限り、いつまでも本にぺたりとくっついて、脱却の期を得ざるなり。

38

■根本態度の確立

何事にてもあれ、大切なるは根本の態度なり。弓道の学習は的中よりも姿勢を尚《たっと》ぶ。態度すでに確立せる上は、「仏とは何ぞや」との問いに対して「乾屎橛《かんしけつ》」（糞かきべら）と答うるもまた可なり。如実に内容を知れるものは、如何なる定義をも下し得、また如何なる定義にても了会するものなり。されば学において最も大切なるは、その根本態度なり。

39

■実行知・科学知

実行的知識は、一応の理解は容易なれども、ついに卒業の期なし。「正直なれ」の要は、三才の童子より始まれど、白髪の老翁に至るもついに卒業の期なし。これに反して科学知は、最初は解し難けれど、ひと度解《わか》れば、それ以上は噛《か》みしめるの要なし。 40

■書物二種

書物に二種あり。含蓄ふかくして、読めばよむほど味の出る書と、一度解ればそれで済む書となり。前者は著者の豊かなる体験が裏づけるに反し、後者は然らざるなり。 41

■添削重要

書物は著者の添削の度数に比例して、読者を繰返し読ましむと言わむ。 42

最大の公案

自ら教科書を編集し得るの力あるにあらざれば、授業は真に徹底せず。借り物で相手を鍛えようとは虫のよき話なり。かくして教科書を持ちながら、如何にしてこれをわが編集の書とするかが、教師に課せられた最大の公案というべし。

43

自己の全現

真人の生活は、謂わばお多福飴の如し。何処を切るとも、そこにその人が全露呈す。

44

自省

わが欠点の見えて来たのは、内に光の射し初めし証なり。その時、わが不正とせしことも、当然との感湧き来りて、人は落ち着くものなり。松影のうつるは月の明り哉《かな》。

45

■自覚と自棄

これまで、頼りにして来た事のすべてが、ひっくり返って頼みにならざる時、かねて用意ある者は、初めて自己に目覚めて自立し、然らざる者は自棄に陥る。今日までのわが一切を捨て切るところ、これ解脱への踏切板というべし。これを回避しては跳躍は不可能なり。

46

■ソクラテス

ソクラテスの産婆術は、相手の態度の確立を目指す。

47

■教師

教師という職業は、とかく人をして間違いなき微温的な人間とし易く、わが魂の要求によって、どこまでも力強く生きて行く者少なし。

48

■自立的読書 49

人生に対する内面欲求の最も判然たる表れは、如何に自立的に書を読むかに窺われる。

■真の学問 50

真の学問は、体得にして記誦にあらず。自分の肌にぴったりと合い、二進《にっち》も三進《さっち》も行かぬ、息ずまるが如きものに承当する時、そこに初めて真の学問は開ける。

■著者と著書 51

書物は足跡にして著者は生き物なり。生き物は不断に発展して止まらざるが故に、年月を経れば、著者と著書とが相距《へだ》たるに到るは当然なり。

自分の顔は見えぬ

52 自分の欠点を知悉《ちしつ》し得ぬところに、一切の悩みと悲しみとは生ず。故にまた一切苦悩の超克と解脱は、自己の如是相の徹見の一事あるのみ。

円心は一つ

53 大小無量の円において、その半径は異なれども、円心は、その円心たるにおいて皆一なり。人もまた自我を消尽し去る時、互《たがい》に相通ずるの趣に至るを得む。

ワンオブゼム

54 自己の道は、自己においては唯一必至かつ絶対なれど、他人より見れば、one of them たるに過ぎず。而《しこう》してこれを知るを真の自覚とはいうなり。

言葉は人なり

55 同一なる言葉も、その内容は人によって異る。外形はよし等しくとも、その人の体験と、体系的知見の相違に応じて、その色調を異にするなり。

■宇宙は全一　56

分類は単に一応の事に過ぎず。宇宙は全一としての絶大なる調和体なり。されば全一なるものの上につけたる区分は、畢竟《ひっきょう》するに仮幻に過ぎず。

■陰と陽　57

男女の対立は、一見最も判然たるものなり。然も陽中陰在り、陰中陽在り。ある人の曰く「夫の中なる女性的なるものと、妻の中なる男性的なるものとの調和が、夫婦の内面的結合の秘訣《ひけつ》なり」と。また至言というべきか。

■教師の力量　58

一人で全教科を担当する小学校にあっては、各教科間の障壁を除去しうる教師ほど、真の実力ある教師なり。教科間の障壁を除きうるは、その人が現実を把握しているの証なり。けだし現実そのものには、何等所謂教科的障壁なるものなければなり。かくして各教科により常に夫ぞれの角度より、全一なる現実そのものを教えんことを念とすべし。

■人間の価値 59

真の統一は独自のものなり。何人も夫ぞれ独特の地点に立ち、独自の統一をなすの可能性を有す。人間の価値の相違は、唯、その独自性を開発するか否かによりて定まる。

■職員心得 60

学校の玄関の辺りにさ迷える人あらば、職員各自その用向きを尋ぬべし。これひとり相手の為のみならず、また学校のためでもあるなり。

■判断慎重

校長に面会を求めるものありとも、直ちに校長室に案内すべからず。通してよき場合のみにあらねば、慎重に考えて、先ず首席のところへ案内すべし。 61

■一人は一校を代表する

応接係の責任は重大なれば、一言一句を慎しむべし。けだし一給仕、一使丁といえども、その角度から全校を代表すればなり。 62

■電話心得、その一

電話は先方の顔が見えぬゆえ、とくに注意を要す。身分低き人の電話は、概して横柄なるを常とす。 63

■電話心得、その二

電話にては、先ず自己の身分を明らかにして後、話すべし。 64

■電話心得、その三

学校の電話は、成るべく使わぬように心がけ、葉書にて足ることは、なるべく葉書にてすますべし。たとえ料金を支払うを要せぬ電話とても、なるべく掛けぬように工夫するは、わが生活を引き締めるゆえんなり。

65

■電話心得、その四

私用の電話に料金を払うきまりの処では、厳にこれを守るべし。

66

■電話心得、その五

目上の人を電話口へ呼ぶは、原則としては避くべきことなり。されど実際にはそうもならぬ場合あり。その際にはかかる失礼なことは、元来出来ぬものと心して、言葉づかいを丁重にすべし。

67

■わが国の文法書　68

今日わが国の文法書は、生きた文章を、ばらばらに死せる要素に解体した要素文法にして、謂わば屍体《したい》解剖の文法書なり。さればそれを学んでも、名文は疎《おろ》か生きた文章の解釈すら、満足にはなし得ざるなり。

■国民教育者の必読書　69

文章の生きた内面考察をなせるものに、金原省吾氏の種々なる研究あり。又これを文章論として試みしものに、谷崎潤一郎氏の『文章読本』あり。共に心ある国民教育者の必読すべきものならむ。国語の研究は、たとえ国文学者たらずとも、いやしくも国民教育者たる以上閑却すべからず。けだし国語を離れての真の国民教育はなければなり。

■天地人生の把握　70

天地人生の実相を内面より把握せる人は、ひとりその専門の世界を照らすのみならず、また実に人生そのものを照らす。切り刻んだ屍体解剖的著述は、仮りに人生そのものを論ずるとも、人生の真実とは無縁なり。

■仔細に考慮して書くべし 71

文章は、その視覚的効果、聴覚的効果をもよく考えて、句読点の打ち方等にいたるまで、仔細《しさい》に考慮して書くべし。カッコ一つも、目障りになること少なからず。

■生きた書物とは 72

生きた書物は、ある意味では最初から結論を提示す。そして全体を通して一個の全円を描く。即《すなわ》ち結論自身が、自らを導いて結論に到る自己発展なり。ゆえに最初の一行を解するにも、最後の一行を予想し、また最後の一行の理解は最初の一行を予想す。かくてこそ、初めて真の「全一体系」というべきなり。

文の長短

文章の句切り方に、長短の二種あり。またその組み方も、前者の段落は短くして切れぎれになりやすく、後者は段落長くして、時には二頁に跨《またが》ることすらも少なからず。前者は感覚的な欧文脈に多く、後者は和文脈に多し。前者は読み始めやすけれど、後者はやや億劫《おっくう》なり。されど後者は、一度読み始めれば容易に止め難く、また読み返えさす力あり。

73

相通ずるもの

真の一流者と、人生を艱難《かんなん》の中に過して来た人の考えとは、その結論において多くは相通ず。唯、中心の同じき円にも、大小の別のあるように、ただ理論の上に深浅の差あるのみ。ゆえに古老の言に傾聴する謙虚さをもたぬ学者は、取るに足らず。

74

■自惚

悟りの枠からぬけ出るは、迷いを脱出する以上に困難なり。人間誰しも自惚心《うぬぼれ》をもち、最後まで自己を知り得ぬものなればなり。自己を知ったと思うその事が、すでに自惚れにして一種の迷いなり。

75

■迷える小羊

絶対者の全知は、われら人間の有にあらずと自覚するは、すでに何ほどか絶対光に照らされてのことなり。我は迷える小羊なりとの自覚こそ、全知の人心を通しての一顕現ならむ。

76

■乃木大将

乃木将軍の殉死当時、米人はその真意を解し得ずして、幾多の謬論《びゅうろん》新聞紙上に載せられたり。当時の従軍記者ウォッシュバーンは、国人の蒙《もう》を啓《ひら》かんがために、慨然筆をとって『乃木』なる一書を著す。その洞察は、凡庸なる邦人の群書

77

を遠く凌駕《りょうが》するものあり。故河村幹雄博士はこの書の原書を一読せられ、かくの如き書を外人によって書かれしは、邦人の恥辱なりと言われしという。然るにその後目黒朝鳥氏の訳文に接するに及び、その名訳なるに驚嘆せられて、これにて昔日の恥を雪《すす》ぐを得たりと言われしと。惜しいかな今やその版を絶つ。

■必読の書

『貞観政要《じょうがんせいよう》』は、いやしくも人の上に立ち、責任の地位にある者の必読の書也。徳川家康これを愛読し、北条政子また学者菅原某をしてこれを邦読せしめて愛読せしという。『仮名貞観政要』これなり。

78

■親の恩

親の恩が解らなかったと解った時が、真に解りはじめた時なり。親恩に照らされて来たればこそ、即今自己の存在はあるなり。

79

神を摑む

最も深き信仰に生きる者と、信仰なき者とは、共に神を摑《つか》んだとは思わず。前者は常にこれを自己の最大の問題とするが故に、そして後者はこれを問題せざるが故に。否、後者は時としてこれを誇ることすらあり。神を摑み得ぬことが常にわが最大問題となることこそ、実は最も深く神を摑んでいる証拠なり。否、神に摑まれていいるなり。神をつかみ得ぬとの悩みが一瞬も絶えざること、これ絶対光の如実なる顕現にして、かかる哲学は、本来東洋独自のものとも言うを得べし。

80

生命の連続

我は不孝者と分って初めて親の生命との連続を実にし得るなり。糸を切ろうとして、その切れざるを悩む者にして、初めて糸の強さも分るなり。深刻なる不孝の自覚に即して、初めて親子一貫の生命に目覚めるものというべし。

81

■国語において

国語教授について、先ず読んだらと思われる書物は芦田恵之助《えのすけ》先生の『国語教育易行道』ついで西尾実氏の『国語国文の教育』及び垣内松三氏の『国語の力』最後に金原省吾氏の『構想の研究』『解釈の研究』等ならむか。 82

■授業の秘訣

授業の基礎理論は、海内一流の専門家の書を読み、方法はそれによって自ら実地に工夫すべし。即ち自己の信ずる第一流の大家の書を熟読して、その見識に照らされつつ、直ちに教科書を解くを、教科書の自己編集と言い、これ真の授業の秘訣なり。 83

■多読して

出来るだけ多くの書を求めて、多くの書を読むべし。われら常人にあっては、人生を新しくし発溂《はつらつ》たらしむるは、まず読書から始めるに如《し》くはなし。 84

85

■縁をつける

古典及び精神的な書物は、求めた際にその全部は読めずとも、感興の失せぬ間に、たとい数頁なりとも、否、一頁なりとも読んで縁をつけ置くべし。他日何時かはそれが縁となって、その書の全体に触れるの日、必ず来るものなり。

86

■精神的図書

精神的の書物にあっては、理解し難き箇所はそのままにして先へ進み、一応巻を了《お》うべし。そして再び繰り返せば、先に難解なりし箇所の幾つかは、必ずや分明なるをえむ。然るに自然科学的なる書はこれとは逆に、もし解し得ざれば、解し得るまでいつ迄もその箇処に留まって、然る後先に進むべし。同時に一度分れば、精神的な書のように、何度も繰返すを要せず。これ自然科学書は一重的階層なるに反し、精神の書は無限の深さを背景として、循環的表現をとるが故なり。

■残心 87

書物というものは、読んでいる間だけ面白ければそれで良し。それ以上を望むは欲なり。覚えよう覚えようとして苦しむは不可なり。料理も咽喉《いんこう》を通る間が旨《うま》ければそれで良きと同様なり。書物を読んでいる間が面白ければそれでよし。併《しか》し如何に覚えようとせずとも、一冊読めば二、三箇所くらいは、忘れようにも忘れられぬ箇所があるものなり。そしてかかる箇所は、わずかに二、三箇所にしても、いつまでも心に残って、千変万化、機に臨み時に応じて活用できるものなり。

■古典を読む 88

古典が、小説以上に面白く読めぬ間は、未だ真に古典を読むの資格なきものなり。そしてそれは常人として先ず四十歳以後ならむか。

■教育者とジャーナリズム 89

近来民衆的に復活せる詩吟、書道などについては、如何にジャーナリズムがこれを嘲笑《ちょうしょう》すとも、教育者及政治家は民心の動向の一端として深思の要あり。教育者がジャーナリズムと共に流されていては、いつまでたっても真の教育は分らぬものというべし。

90

■人間的教養

一般に人間の詩―邦人としては、さしあたり短歌・俳句・自由詩―に対する興味の第一歩は、多くは少年時代―小学校及び中学校―に与えられるを常とす。されば一人の教師の短歌または俳句、ないし自由詩に対する素養の有無は、その教え子の将来に如何に影響する処甚大なるかを思うべし。況《いわ》んや教師自身の人間的教養においておや。

91

■わが国の真の学問

従来儒・仏、夫ぞれに日本化を遂げ来りしも、それらのものを西洋哲理を媒介として、そこに会通の理法を発見し、わが神道の永遠に未限定なる無限流動の精神を根本動力として、真の全一学を打ち立てて行くは、今後わが国の学者に課せられたる根本課題ならむ。この意味にてわが国の真の学問は、まさに今日に始まるというべきなり。

92 ■日本人の心事

日本人は西洋人よりも、その感受性において鋭敏なり。西洋画で画布を塗りつぶすは、ある意味ではかれらの鈍感さを表すともいうを得べし。日本画が空白を生かすは、単純裡よく無限の複雑性を蔵することを感得するが故なり。また俳句が、わずか十七字中に一小宇宙を蔵しながら、しかも専門詩人ならぬ一般民衆もこれにあずかり得るがごときは、到底彼等欧人の模倣を許さぬ所なり。またわれら邦人にとっては、西洋の学を修めるは常識なれど、西洋人にして東洋の学を修める者は、僅少《きんしょう》の専門家に過ぎず。彼我その包擁力の広狭のほどを思うべきなり。

■弾力

肉体の弾力は年と共に衰えるも、精神の弾力は、怠らざれば年と共に増大す。同時に若き人々に対しては、たとい好ましからざることにても、相手の気持ちを察した上で、適宜処置すべきなり。「吾々の若い頃は」とか「今時の若い者は」等と言うは、その人自身が、すでにその停滞凝固を示す何よりの証左というべし。

93

■老いて老いざる

われらの体力も、精神力によって補われる処大なり。たとい力業を主とするものでも、道理の自覚深きものは、老いて老いざるの趣あり。

94

■深き自覚

老剣客や老農の働きは、往々青壮年者を凌《しの》ぐものあり。これ深き自覚の故にして、その働きに無駄なきが故ならむ。

95

96 ■身・心の統一

すべて根本は身・心の統一なり。そしてそれには、心の側からの反省によって到り得るなり。

97 ■上位者の内省

すべて人の融会には、まず上位者の反省が根本なり。随って師弟一如も、まず教師の側の反省を本とす。これによりて初めてよく弟子たる人々を包摂するを得べし。形より言えば上位者が統一し、心より言えば、上位者の内省よく下位者を支えるというべし。

98 ■良教師とは

知の面より言えば、教育とはすべて教師の納得の過程ともいうを得べし。生徒の質問に答えるのも、畢竟教師自身の納得の世界を進めるに外ならず。即ち生徒の質問により改めて生徒の立場に立って納得への道を探し求めるを、真の良教師とはいうならむ。

■実行中心 99

邦人の一特性として易簡が挙げられるは、実行を主とするが故なり。一巻数百頁、これを読了するに、少くとも数日ないし十数日を要するという有様では、直接実行を導くの力とはなり難し。直接実行を導くは、記憶せられたる易簡直截《ちょくせつ》なる格言的なもの多し。

■俳句に托して 100

書幅や生け花等の趣味を解して、十七字をもてあそぶ限り、邦人はすべてこれ詩人ともいうべし。西洋にては詩人と呼ばれるはみな専門家にして、その数真に寥《りょう》々たるにすぎず。

■更に進むべし

101

自然科学の研究にあっても、先人の拓《ひら》いた跡を理解するだけなら頭のみでも可なれど、先人の足跡の絶するところ、そこより、さらに一歩を進めるには、想像力を伴う直覚によるの外なし。これ卓《すぐ》れたる自然科学者の多くが、芸術や宗教への関心を怠らざるゆえんなり。

■真の思索は

102

アカデミックな哲学は、一応これを投擲《とうてき》し去るでなければ、自己に即する真の思索は始まらざるべし。

■自己の道を進むがよし

103

人間は、ある意味では自分の衷心満足し得る道を進むがよし。但しそこには、「それより生ずる一切の責任を負うの覚悟を忘る可からず」との但し書を要せむ。然らざれば、これ人を誤るの語ともなるが故なり。否この但し書を附け加えてさえ、尚人を誤るの恐れなしとせず。いわんやこれなきにおいておや。

■芸術 104

芸術については、容易にその良否優劣は言い難し。但し一応の好き嫌いならば、必ずしも遠慮に及ばず。蓼喰《たで》う虫も好きずきにて、人間好き嫌いには、他からとかくの言を挿《はさ》む余地なければなり。随って児童生徒にも、どの絵が良いかと尋ねるよりも、どの絵が好きかと尋ねるを可とせむ。

■占いの当否 105

占いの当否はわれこれを知らず。但し迷える人間に、決断を与える点において、必ずしも効なしというべからず。故に家相方位等のことは、知らぬが仏なり。但し一旦気になり出した以上は、安心の行くような方法を講ずるの外なからむ。最大の罪悪は唯これ迷いのみ。

実用性

すべて芸術にも実用性を考慮に入れるを要す。かく実用性という制限を受けつつ、しかも一面これより超出する趣ある芸術は、真に溌剌たる美を具《そな》う。柳宗悦氏のいわゆる工芸美これなり。されぱまた図画と手工の統一は、まさに美と実用性との統一なり。そしてこれら両者の統一に、真の実人生ありとも言うを得べし。教育は実人生を離れる時、すべては空となる。

106

不惑すぎての著述

著述は、必ずしも売名とのみ見るべきにあらず。時人《じじん》、或は後人のための慈悲心の発露たる場合もあればなり。されば真の著述は、一応人生不惑の齢を過ぎて後にすべきならむ。現に西晋一郎博士、西田幾多郎博士の処女作は、何れも四十歳以後に成れり。人間四十にもなれば、大なり小なり一応の見当はつくものなればなり。

107

■師弟の間 108

真の弟子は、師の有する一切を奪わんとす。その貪婪《どんらん》、ある意味では強窃盗《ごうせっとう》の比にあらず。飽くなき貪慾《どんよく》をもて師の有する一切を、一物も残すところなく奪い尽《つく》さずんば止まざらんとす。その状あたかも肉を喰《く》らい、骨をしゃぶるの概《がい》あらむ。

■敬師 109

真空を造らんとせば、非常なる物理的努力を要するも、一旦できれば、非常なる吸収力を蔵して恐るべきものとなる。師説を吸収せんとせば、すべからくまず自らを空しうするを要す。これ即ち敬なり。故に敬はまた力なり。真の自己否定は、所謂お人好しの輩と相去ることまさに千万里ならむ。

■心境 110

とかく「したい、したい」のたいを切り捨てて、自己に一物も存せざる境に到るを「あなた任せ」という。そしてこの「あなた」が、神仏である場合を宗教とはいうなり。

■水鳥の如く　111

常に萌《きざ》さんとする欲念を否定し行くは、非常なる苦痛にして、寸分の隙なき生活なり。しかもこれを外側より見れば、如何にも悠々閑々たる生活とも見ゆるなり。これ水鳥の悠々と浮《うか》べるは、その絶え間なき脚の動きによるに似たり。

■真空に徹す　112

真空に徹するところ、個性の天真は自らにして躍り出ずるなり。一念尚個我の念の存する限り、真に純乎《じゅんこ》たる天真の顕現とは言い難からむ。

■真の個性教育　113

真の個性教育とは、我流の教育にあらずして、真実に生きることを教えるの教育なり。相手をして真に止むに止まれぬ一道を歩ましめんとの一念に出ずるなり。

■生涯にわたる真剣勝負

114

人間もっとも息づまる関係は、恋愛関係と師弟関係というべきか。前者は一時的なれど、後者に至っては、まさに生涯にわたる真剣勝負というべきなり。

■師厳にして道伝わる

115

真に卓越せる師匠は、その愛する弟子には、もっとも厳しく対すると言うを得べし。これ、対者をして道を伝うるに耐えしめんがためなり。

■仏作って

116

現今の大量生産的学校教育にあっては、真の師弟関係は望むべくもあらず。故に在学中は、謂はば卒業後に就くべき師を選ぶ準備時代とも言うべきか。卒業後も、師につかざる者に至っては、如何に俊秀の資といえども、ついに仏作って魂入れざるものと言うべし。

117

■終生の師をもつ

人はすべからく終生の師をもつべし。真に卓越せる師をもつ者は、終生道を求めて留まることなく、その状あたかも北斗星を望んで航行するが如し。いくら行っても、到りつく期なければなり。

118

■心の学問を

深き理法を最低の表現に還元して現わせるものが「心学」なり。故に如何なる階級の人が読むもよく、夫それに得るところあり。藤樹先生の『翁問答』や『鑑草《かがみぐさ》』、また梅岩先生の『都鄙問答《とひもんどう》』、柴田鳩翁の『鳩翁道話』など、教師たる以上何人も一読を要すべし。

■言葉の用心

人は誇張した言葉を用いぬ用心大切なり。幼少な小学生らの経験に、体験等という語を用うるは不可なり。由々しき文字を軽々に使用するは、その人自身の浅薄さを表す。この点さし当っては、作歌作句によりても教えらるべけれど、結局は「心」の問題なり。一心転せざれば、歌俳句では一字をおろそかにせぬようになっても、畢竟《ひっきょう》これ短歌俳句の上に留まって、現実の日常生活の上には、依然として雑語続出せむ。119

■言霊

イ音は厳粛なる緊張感を示し、ア音は朗らかに、エ音は哀音を示す等々、これ皆言霊の不可思議なり。120

■教育思潮

教育思潮に二種の流れあり。一はドイツ系にて、理論の世界を出でず、随って 121

実際教育界にはほとんど何らの影響もなし。またこれを具体的にこなし得たる学者もなきが如し。他はアメリカ系のものにして、方法を重んじ、一見教育界への影響大なるが如くなれども、その実転々として変化する事、あたかも猫の眼の変《かわ》るが如し。

自己を知る

122

教育者は必ずしも流行の教育思潮を知るを要せず。肝腎なことは、自己を知ることを通して生徒の真実を把握することなり。しかもこれを照らす光としては、先哲の思想を現代に継承展開せる思想界の真の一人者につくを要せむ。

教育と流行

123

教育は社会に順応すべしとは一理あれども、そのために流行の教育思潮に囚《とら》わるるが如きは、愚の骨頂なり。社会に順応するというも、生徒の成人して活動する時代の想像は容易なことにあらず。況んや所謂教育思潮というが如きは、現実界の実情の反映に非ずして、多くは学界と称する現実遊離界の反映たるに過ぎず。

我見を破る

124
宗教に入るは我見を破らんが為なり。そしてそのための方便を説くが、各々の宗派なり。されどかかる方便の特色も、いつしか宗派の我見が潜入するものなり。個人の我見すら容易に除き難きに、この宗派我たるや、その除き難きこと幾十百倍というべし。

一匹の蚤にも

125
理としては一匹の蚤《のみ》の跳ねるも全宇宙に反映し、わが一瞬のまばたきも、まさに万象と相応ず。ただわれらの心粗にして、これを徹見し得ざるのみ。一即一切、一切即一。

■世の中は 126

全体との無限連関の理明らかになりて、初めて「分」の自覚を生ず。世の中は総て受持ちなりと知るべし。受け持ちとは「分」の謂いにして、これも悟りの一内容なり。

■理屈と宗教 127

宗教は理屈のない者ほど入りやすし。また理屈のない宗教ほど拡がりやすし。

■人生を教うる書物 128

各々の教科を通して、人生そのものを教うるが如き書こそ望ましけれ。しかも欺くの如き書の、如何に寥々《りょうりょう》として乏しきか。歎ずべきかな。

■教授原論 129

真に卓れた教授原論は、教授の方法を通して、天地人生を照らすの趣なかるべからず。されば真の教授法の書は、専門の一流学者とて、必ずしもよくし得るとはいえず。専門の一流者の域より、百尺竿頭《かんとう》更に一歩進め得るていの人にして、初めて可能というべし。教授法の良書の得難きこと、誠に故ありというべきなり。

■教授法は

教育学は、具体的には教育法にて尽く。されば真の教育は、各教科の教授法裡《り》 130
に内在するともいうを得べし。かくして教授法は、単なる技術の問題にあらずして、最深にしてしかも最現実的なる学というべし。

■文検取得

文検をとるは、とらぬよりはましなれど、とっただけでは仏造って魂入れざる 131
ものなり。文検というが如き型に嵌《はま》った学問よりも更に大切なるは、真の小学校教師となるための学問なり。（文検＝戦前、旧制中学の教師たる資格試験の謂い）

偉人に触れる

偉人の書を読み、たとえ一、二カ所にても、ひしひしと我が身に迫るものあれば、その程度に、その偉人に触れたるものと言うを得べし。そして何時かはそれが手掛《がか》りとなって、自己の一大転換の期もあらむ。単なる解説書には、かかる転換の機を蔵することなし。

132

みな善なれど

世の中の事、絶対的には皆善というべし。ただそれを他の事柄と比較するゆえ、悪と見ゆるなり。

133

釣り合い

物の存在は、すべて何処かで釣り合うものなり。それを釣り合わずと見るは、吾人の眼界の未だ狭小なるが故なり。しかもわが眼界の狭きは、結局はわが欲念の故に外ならずと知るべし。

134

135

■霜履んで堅氷到る

霜を履《ふ》んで堅氷到る。厳しき校長の下に長年苦労して、初めて校長たるの資格も得られるなり。

136

■禅僧澤木興道

現在曹洞宗の一傑僧に澤木興道師あり。異様なる風貌《ふうぼう》の持主なり。伊勢の津の産にして、学歴は只尋常小学のみ。十二才にして感ずる所あり、ついに遥々《はるばる》永平寺に入る。日露戦争勃発《ぼっぱつ》するや、従軍して偉功を立て、また咽喉に貫通銃創を受く。その後法隆寺にこもって仏教の教学を研究し、三十五才にして丘宗潭《おかそうたん》師に見出され、九州の本山大樹寺の雲水監督となる。後丘師同寺を去るや、熊本郊外の桃畑に住して常に旅に出ず。五高生に講話せしより、その後彼らの大学に入りし者の招きによりて、春秋二回東京まで到る。最近駒沢大学にて坐禅堂を設くるや、遂に抜んでられて同大学の教授となる。されど「駒沢大学教授」という肩書は、何となくそぐわぬ処あり。人間も「大学教授」などという肩書がそぐわぬような人物となって、初めて真に一人前というべし。

■自己に返照 137

批評眼は持つべし。されど批評的態度は慎しむべし。すべからく他を批判するの眼を自己に返照し来たって、創作実現へと踏み出すべし。他よりの批評に対して、直ちに駁論《ばくろん》を為すが如きは、真の一流者の多くはとらざるところなり。

■作家偉大にして 138

偉大なる作家は、自己の作品に対して多くは自序を書かず。けだし作品その物によりて、真価を示さんとするならむ。また偉大なる作家は、多くは評論の筆をとらず。けだしそれによりて、自らの創作意欲の減ずるを恐れるが故ならむ。

■真の日本哲学 139

現在の日本儒教、日本仏教が、欧米文化と渾融《こんゆう》せられし暁に、はじめて真の日本哲学は生誕するならむ。今はその懐胎期にあり。その偉大なる先駆者が西晋一郎、西田幾多郎の両博士なり。

■下座の経験

人間下座の経験なきものは、未だ試験済みの人間とは言うを得ず。唯の三年でも下座の生活に堪え得し人ならば、ほぼ安心して事を委《まか》せうべし。

140

■噂話

自分の学校内の噂話は、良きも悪しきも他に洩らすべからず。言えば必ず拡がるものと覚悟して、家人といえども言わぬがよし。これいやしくも辞令を受けて、公務に携《たずさ》わるものの常識なり。

141

■緘口令

「君だけだから」とか「これは内緒だが」等々条件付きのことは言うべからず。

142

自分に対してすら緘口令《かんこうれい》の布《し》けない者が、他人に対して緘口令を布かんとするは、思えば礼を欠くの極みなり。この点に思い至らず、人が口外したとてその人を恨む如きは、まさに本末転倒も甚だしと言うべし。

■人の真価

昔自分より下位だった者が、わが上席に来たれる際にも、心してこれに尽すべし。かかる場合に、初めて人間の真価は見ゆるものなり。故に上席者と意見の衝突を来たすとか、或は同僚と感情上の阻隔を来たすというが如きは、論外の沙汰なり。わが意見は、自己の責任範囲内にて、ひとり静かに行うべし。如何に良きことにても、時来たらざれば行われぬのが現実界というものなり。この明知なくして、相手構わずかれこれ言うは、愚の至りというべし。

143

■大思想家は

真人は、生涯、自己の思想の崩壊と再建とに終始せむ。即ち外面からは、煉瓦《れんが》

144

をつむ如く見えても、その内面は永遠なる賽《さい》の河原の石積みなり。古来一流の大思想家が、その著述を常に入門書として書ける真意も、またここに在るか。

■校長の触角

145

給仕、門衛、小使等は、何れも校長の触角というべく、その学校の第一印象は、これらの人々の態度如何によりて定まる。特に電話の応対は、相手の姿が眼に見えぬだけに、格別の注意を要す。

■電話のかけ方

146

電話を掛ける際、先ず自ら名乗るは何となく不安の気がすれど、この感は先方とても同様なる故、先ずこちらから名乗るが礼儀なり。これすら若いうちは過ち易きものなり。

一心の緊張

147

或は寝《い》ね、或は厠《かわや》へ行き、食をとり、更に学問をする等々、その外形は千変万化すとも、その根本に内在する一心の緊張は、常持続、常一貫を要すと知るべし。

宴会心得

148

宴会ほど注意を要する処なし。ある意味では、式場以上に内的緊張を要せむ。然るを常人多くは、宴会は最も放心の場所と心得。これ過ち多きゆえんなり。宴会については、詳しくは露伴の随筆集『長語』中の「宴会」の一文を見るべし。この一文のみでも、文豪の名に背かずというべきか。

酒は微酔に

149

酒量は程ほどなるべし。飲んだとて平生と変ることなく、やや朗かなるを以って可とせむ。

150

■寸毫の隙

宴会では常に自己を失わず、自己を見るにおいて寸毫《すんごう》の隙《すき》も無かるべきなり。

151

■葉隠

酒宴の席の心得を説くこと、古来『葉隠《はがくれ》』の懇切なるに如くはなし。『葉隠』はこれだけでも、優に特筆に価せむ。

152

■心田開発

文化という語は、とかく無内容に考えられ易し。真の文化とは、この現実界が、光に照らされたる趣あるを、その本来とすべし。故にこれを「心田《しんでん》開発」の業と言うも可なり。南州翁曰く「文明とは道の普《あまね》く行なわるるを言う」と。まことに至言というべし。顧みて今日、一人のここに到れる学者なきが如し。

■生命の振幅 153

人は生命の振幅広きがよし。坂上田村麻呂は怒れば鬼神も挫《くじ》き、笑えば三歳の童子もなつきしという。『翁問答』、『都鄙問答』『鳩翁道話』等の書は、無限なる人生内容を、その大慈悲心よりして、最低最下の表現をもってせるものなり。誠に振幅広き書と言うべし。

■読むべきものは 154

人は試験管中の蛋白質をなめては、生活すること能わざるが如く、単に概念的書籍のみでは心の養いとならず。故に徒らなる専門意識に局踏せずして、広く生ける書籍を読むべきなり。

■生の弾力 155

生命の弾力なきものは、すの入った大根の如く味なきものなり。所謂模範生タイプの人間は、一見してどこという瑾《きず》も見出せねど、そのこと自体が実は最大の瑾《きず》というべきなり。畢竟生命の内的弾力を欠くが故なり。

■雨天の星

156

生ける概念の書を著わすは難し。これに堪え得るもの、当代に果《はた》して幾人かあらむ。

■時を得て

157

何物にも囚われることなく、豊富なる精神的食物をたらふく喰い、十分に消化して、わが心の要求のままに、自由に生きて行くべし。そのうちに機会を得て、おもむろに構築を始めるもよし。

■負けるが勝ち

158

相手に花を持たせて、しかも毫も恩着せがましき素振りを見せず。負けることの妙味此処にあり。この世は負けるが勝。

■下学して上達すべし

逆境のうちにありながら、ありのままなる自己を注視して決してひねくれず。これ下学《かがく》して上達するの道ならむ。 159

■宗教と哲学

宗教によって悟るは易く、哲学にて安心立命を得るは難し。 160

■真の生き甲斐

天下第一等の師につきてこそ、人間も真に生き甲斐ありというべし。 161

下学雑話（二）

入るべき門は一つにして

道に入《い》るの門は多けれど、いざ入ろうとすれば、それらのうち、何れか一つによらざるを得ず。けだし心も一つ身も一つなればなり。従って何処からでも入れると思っている間は、まだどの一つからも入って居らぬ証拠なり。

162

はっきり詫びてこそ

詫び言ははっきりと声に出していうべきなり。心の中では悪かったと思うとも、詫び言がいえぬ間は、いまだ傲慢《ごうまん》の気抜け切らざるものと言うて可ならむ。但し許す方からは、たとえ声には出なくとも、相手の気持ちを察して許してやるだけの思い遣りはあらまほしというべし。

163

常精進

自ら悟ったと思う瞬間、即刻迷いに堕す。自分は常に迷い通しの身と知る時、そのまま悟りに与《あず》かるなり。

164

■至れる人は

165

自己の迷いを、迷いと気づく時間の短くなるほど、その人の心境は深まれりというべし。もしそれに至れる境に達せば、両者は同時相即というも可ならむ。

■鑑識眼

166

真の鑑識眼は、最初のうちは最上のもの一つに徹することによりて得らるるという。いたずらに比較考量している限り、永久に物事に徹するの期なけむ。

■心読体証

167

古典を心読体証するは容易のことにあらず。されば古典に入るの手始めとしては、先ず現代において、古典の生命を躬《み》を以て体認せられつつある人につくを便とす。力めて怠らずんば何時かは自ら源頭に到るの期あらむ。

■第一流

168

自ら書を著すは、畢竟じて人間第二流というべきなり、世界最高の書は、絶大なる人格が何ら著述等の意なく、その時その場に言い捨てし言葉を、死後、門弟子らの集めしものが大方なり。論語然《しか》り、阿含然り、聖書また然り。近くは『二宮翁夜話』の如きもまた然りというべし。

■声に出す

169

乞食は三年縁日に坐して、しかる後初めて門付けするを得るという。それでなければ声が出ぬ故なり。一般に呼び声を出すは容易ならぬことなり。他力信心者は六字の名号の唱えらるるを要す。如何に信仰ありとも未だ念唱に出でざる間は、真の信者とは言えず。電車の車掌や紙芝居屋なども、すべて呼び声が出るに至って初めて軌道に乗ったというべく、その為には一度は死地をくぐらざるべからず。

■自分に出来ないことは 170

教師たる者、自分に出来ない事は、たとえそれが如何に良き事なりとも、生徒に強制すべからざるものと心得べし。

■一年生担任 171

小学一年の担任教師は、謂わば雀の子を掌中に握るが如くなるを要す。逃さず殺さず。これを一言にして、いわゆる「中」というべきか。

■担任選定 172

高学年の女生徒の担任は、厳粛にして癖なき人柄を佳《よ》しとす。相手が女生徒ゆえ、多少弱手の人でも良かろうなどと思うは、大なる誤りなり。女子と小人《しょうじん》は養い難しの語、この場合にも無関係と思うべからず。

■自らを限らず

自己の専門のみに拘《こだ》わることなく、広く一流の書を読み、それを円周として、中心には教育者としての自覚を置くべし。真の教育者は自らの自覚を、常にそれら専門外の一流の書によって返照してゆくべきなり。

173

■萬福寺山門の書

「第一義」といふ額、宇治黄檗《おうばく》の山門に掲げられたり。もし訪ねたらば、仰いでその雄渾《ゆうこん》なる風格に触れるべし。

174

■自己を正す

人ともすれば腐敗せる教育界などといえど、われらの直接矯正し得るは、天地間ただ自己一人のみ。故に一切の改革は先ず自己を正すの外なく、その深さを加うるや、波紋ようやく周囲にも及ぶに至らむ。故に徒らなる慷慨《こうがい》を止めて、先ず自らの歩みを正すべきなり。

175

■中

中《なか》にいて中と思わぬ霞《かすみ》かな娑婆即寂光浄土。 176

■修養

修養において大切なるは、まず物の良否の見分けのつくことなり。真に良い物が分れば、それに近づかんとの努力は自《おのずか》らにして出で、また持続もするものなり。真に良きものにぶつからず、又良否の区別もつかねば、志ついに立たず、従って又その努力も持続することなし。 177

■時代の使命

真の努力は志によりて生じ、志の立つは自己の置かれたる時代と環境に照らして、自らの使命を自覚するによる。勝海舟苦心の蘭書筆写の努力は、当時わが国のおかれし国際的立場の危うさを知ればこそ出来たことなり。それを只「努力せよ〳〵」と言うのみでは、一向何のことやら合点ゆかぬというも当然なり。 178

■私と公 179

私欲に基づく努力は、何時かは必ず行き詰るものなり、之に反し公の為にする場合は、真の行き詰りというものなし。噴水は大なる水源ありてこそ持続もすれ、自ら汲み上げるのでは、そのうち疲れを生じて中止する他なきものなり。

■最良の書 180

最良の書とは、その道の第一人者が後進者への深き愛情より、専門外の一般大衆にその趣を伝えんとして書けるものなり。さればその意味からは、この種の愛情の如何《いかん》に、その人が真の一流者なるか否かが分れるとも言うを得べし。

■平生の心得 181

他人《ひと》から良書を尋ねられて「サァ」と考え込み、それからあれも良し、これも良しと並べ立てる人の言は信ずるに足らず。人間は平生の用意が、かかる咄嗟《とっさ》の間に表われるものなり。

人に受持ちあり

182

第一人者の背後に、膝を接して肉迫せんとしている間は、師の書以外には推奨すべきもののあるを知らざるなり。然れども一たび自立しうるに到れば、人それぞれに受持ちあり、書物もまたそれぞれ長所あるに気付くに到るなり。

書物の購入

183

書物の購入は、そのつど一冊なるを可とす。何となれば、書物は求めた日に、最低三十頁以上は読みおくべきがゆえに。

読書心得

184

書を読むには、空腹時に飯を食うようなる気持ちにて、むさぼり読むを可とす。いわゆる批評は読んだ後にて可ならん。されば書物に読まれぬようにとの注意は、読後のことにして、読みつつあるさ中には、大いに読まれるくらいでなければ、書を読むの甲斐はなかるべし。

活殺自在にして 185

自ら教科書を編むくらいの実力があって、初めて真の教授は可能なり。少なくとも与えられた教科書を向うへぶち抜けて、活殺自在なるべし。

求めてこその勝縁 186

小学教師も、何か一科目については、相当度の教養をもつことが望まし。これ然るべき人に即《つ》きさえすれば、何人にも不可能にあらず。問題は然るべき人に即くか否かによるのみ。しかも縁は求めざるには生ぜず。内に求めるの心なくんば、たといその人の面前にありとも、ついに縁を生ずるに至らずと知るべし。

わずか二か月 187

森先生専攻科の一年間に、真の授業のできるのは、毎年十月の中旬より十一月一ぱいなりといわれる。何となればそれまでは、生徒の心落着《おち》かず、それ以後は、ぼつ〳〵卒業後の就職でざわつき出すが為めとなり。筆も真に使い易きは、ほんの僅かの間とのことなり。それ迄は馴《な》れず、少しく過ぎれば早やちび、初めるなり。

■芦田恵之助先生

芦田先生の国語教授に触発せられて、これを歴史教授、算術教授等に生かし得る人あらば、大したものなり。国語教育の中に、天地人生の縮図を見る人ならでは出来ぬことなり。188

■大志を抱いて

「一」に居て一切を捉《とら》うるは易く、一切に居て「一」を捉うるは難し。如何なる地位にありとも、一宇宙を持つは、天下を睥睨《へいげい》するよりも一段と上のことなり。社会的地位に恵まれぬ教育者として真に生きんとせば、すべからく先ずこの辺に向って大志を抱くべきなり。189

■生涯稽古 190

修身とは、生涯稽古の覚悟をいう。これは生涯の目標ほぼ定まりて後に初めて生じ、しかもかかる目標は、偉人を知ることによって初めて定まる。わが生涯の目標一《ひと》たび定まれば、一生も急に短く感ぜられ、金力、権力もまたこれを如何ともする能わざるなり。

■志を立てる 191

教育々々というも良けれど、先ず人間として己が生涯の志確立せざれば、何年教職に在りとも、畢竟するにただ人様の大切な子女を傷つけるのみ。

■哲学とは 192

哲学という学問は、結局要領を得ぬ学問とも言うを得べきか。解《わか》ったと思うはすでに留まれるなり。解ったと思ったのに、また解らなくなって、はじめて進歩というべし。これ哲学が自在の学、解脱の学と言われるゆえんなり。されば真の哲学は、古今の大思想家の体系が、一度は消滅して「無」となり、然る後、実人生が森厳と、一条理秩序を具《そな》えて表われる処にはじめて成るというべきなり。

■哲学東西　193

西洋哲学の中心は「知」にあり。それとの対比よりすれば、日本哲学の根本は「生」にありというべきか。

■書物、其の一　194

篇、章、節、等々細ごまと、解剖図の如くに分けられた本や、目次の詳密に過ぎる書等は、概して大した書ではなし。何となれば、それは辞書の如く、飛び読み、抜き読み、何んでも結構、わざ〳〵全部を読んで貰《もら》うの要なしと、著者自ら広告するに似たればなり。

書物、其の二

195

書名の冒頭に「新」の字を冠した書は、なるほど感覚的には多少の新味あらんも、底浅くして間もなく古くなる書多し。いやしくも書をなす以上、多少の新味あるは当然にて、わざわざ標榜《ひょうぼう》する迄もなきことなり。

言葉

196

人間の言葉は、本来その時その場只一回限りのものにて、生涯喋るとも同一の意味にて使用することなしというべし。この趣を解し得ぬ者が、いわゆる哲学辞典などというものを作るなり。

拘泥せず

197

哲学書を読むに当っては、難解の語句に拘泥《こうでい》するの要なし。そのまま読みわけば、何度か出逢う間に自《おのず》から解るようになるものなり。かかる処に学者の風格ないし、人間の厚みも自らにして生ずべし。

198
■師とは

自ら語彙《ごい》の多き教師ほど、子どもの語彙の限界を知るものなり。同様に人生体験の深き人ほど、生徒の内面生活の真相もよく知るなり。

199
■真の書家

真の書家にあっては、日常の言動すべて書の会得ならざるはなし。特に歩行を然りとす。歩々の歩みが書となるに至って、初めて真に書道の一端に触るるものと言うべし。万象が書と見え、一切事物の線条、すべてこれ書の線条として見えて古法帖の線と一致せむ。その極天地宇宙は、そのまま絶大なる法帖の宝庫となる。この時その人もまた書における第一人者たるを得べし。しかもこれひとり書道のみならんや。

200
■歩々是道場

人間の生活は、すべてこれ坐・歩の間にあり。しかも歩行中は、人間もっとも

「独」の境涯に立つの時なり。故に歩裡これ無上の道場たり。

■すべてこれ「坐」となれる人　201

朝から晩までの一切生活、すべてこれ「坐」となれる人にして、初めて一流を許し得べきか。

■修養二途　202

われらの修養に二途あり。坐よりすると歩よりするとの二なり。即ち動静の二つなり。しかも結局は坐・歩一如に至るべきこと、動静の一如なるが如し。

■祖先、吾が中に生きる　203

祖先の「血」は、即今この吾にありて生きるなり。この理が真に解った時、初めて人生の意義も解り、同時にこの時初めて、天地の真相の一端にも触れえむ。

■質問

質問するは、必ずしも人間最上の事にあらず。その時分らぬことも、わが脳中に畳みおけば、何時かは分る時あるものなり。かくして解り得たることは、真にわがものなれば、縦横に駆使して尽きざるなり。

204

■公案

本を読んで分らぬことのある時は、これを自己の公案として守持し、種子のはじけるように、その期の到るを待つべきなり。されどこれは、深く尊敬できる師を持ってはじめて可能というべし。故に畏敬尊信は、真学の基礎というべきなり。

205

■農業は基盤

農は一切の職業中、最も自足的なるものにして、人間生活の真の基盤を成す。故に国民教育者たる者、常に農に注意を払うと共に、知名の篤農家については多少の研究を要すべし。

206

■決心強くして　207

いざとなれば最低の食物で、平然として過《すご》し得るでなければ、いっかどの事は出来ぬものなり。国民すべて、農民の生活を忘れざる間は国は、安泰というべし。

■生活水準　208

我が国近時の経済的発展の一因は、国民の生活程度が、欧米のそれに比して低きに基づく。すべての生活を低下せしむるの要はなけれど、何処か一、二の点については、最下底を押えて置く必要あり。これ個人としても、はたまた国家としても大切なことなり。

■偉は、また異　209

総じて偉大なる思想家は、何処か一、二ヵ処は古風なところのあるものなり。西田幾多郎博士は、コーヒーを飲むのに、一々匙《さじ》で掬《すく》って飲まれる由。

■根本態度の確立

世上所謂方法論なるものは、他人の歩める足跡の詮議《せんぎ》に過ぎず。随って方法論の考察など、学問において必ずしも第一義にはあらざるなり。然らば学問における真の第一義諦いかん。そは学者その人が、この現実の人生を如何に生きんとするかにあり。いわゆる方法のごときは、この根本態度にして一たび確立すれば、自らにして生れ出ずるものなり。未だこの根本態度の確立なくして、徒らに他人の方法論の詮議沙汰は、あたかも水中に入らずして水泳を学ばんとするが如し。げに歯の浮く限りなり。

210

■教師たる者

教師としては、即今自己の職分に即して、自らの生活態度を確立するが根本なり。もし教師にして哲学を学ぶとすれば、かかる態度の確立に資せんが為のみ。哲学専門家気取りになって、方法論等を口にするは、畢竟これ自己喪失に外ならざるなり。

211

心源に溯る

一応既存の体系について学ぶはよし。されど結局はそれを手掛りとして、体系以前の源頭に溯《さかのぼ》らざる可らず。素人は完成した絵画の鑑賞を喜ぶも、画家は作者がそれを制作せし心源に溯らんとす。ひとたび体系以前の源頭に溯れば、そこには無限なる展開様式を可能とし、随って最も自己に適した表現様式を把握し得るはずなり。

212

芸術は

書画の鑑賞は、端的かつ瞬間的なる点を便とす。これに反して書物や音楽、芝居等は時間を要すれど、その代りに内容的にして、謂わば現実のもつ奥行の分かる長あり。

213

四十才

日本人は一般に四十を越すと書を読まず。それは一面からは、人間四十頃より

214

身辺ようやく多忙となり、読書に多くの時間を割きえぬと共に、また邦人は、四十前後より老眼の兆し始めるが故ならむ。

四十以後

四十以後の読書を問題とする時、活字の大きさ、その他種々問題あるべし。語録の意義の再認識の如きもその一つならむ。

215

漢籍の含蓄

総じて漢籍は、一句よく深き含蓄ありて、近頃の書物の幾十頁にも勝ることあり。そして真の実学とは、かかる含蓄深き一句を把握し、それを現実の体験と結びつけて解する工夫というべきか。

216

一心決定

一心だに決定すれば、人は如何なる環境に置かれるとも、何時かは道の開けて

217

来るものなり。唯そこに到るに時の遅速あるのみ。けだし真に一心決定せば、生涯持続すればなり。環境に圧せられるというは、畢竟未だ真に一心決定に到らざるものと言うべし。

私意を超ゆ

一心決定せば、わが一道を歩む以外は、すべて他人に委ね置くべし。しかもその際、一箇の「私」のある間は、どうしてもそれが出来ぬものなり。随って真に持続せず、とかく嘆息も出ずるなり。私意の一関さえ超ゆれば、如何なる難関に出逢うとも、いわゆる遊戯三昧の趣を生ずべし。

218

糊一つ

自分の糊《のり》と学校の糊とを使ふ場合、何れに惜しみがかかるかを考うべし。この場合、学校の糊を使う方に惜しみが掛るは公なり。公私の別を考うるに際しては、糊の使用の如き一事も、人生における公私の問題と表裏一体、別事にあらざるを

219

知るべきなり。

■郵便物の備え

学校に、私用の郵便材料の一式を揃え置くべし。無くなれば直ぐに買いに行く。勿論それに使丁を使わず。 220

■書物の巻頭

書物の巻頭に著者が自分の肖像を附するは、その著者の終末に近づきし場合多し。その故如何とか為す。 221

■真理即大宇宙

絶対的真理は有り。大宇宙即ちこれなり。 222

■入るべき門は

人は絶対的真理を把握すというも、結局は一つの限定せられた角度よりするに過ぎず。随って之に入るの門は無数といえども、いざ入るとなれば、自己の入るべき門は唯一つなり。これを現実には、一人の優れたる思想家を真に読み抜く事によりて、一箇の見識は出来るものなり、真にその一人を選ばば、事はすでに半ば成りしというも可ならむ。

223

■読書心得

自己の体系の未だ定まらざる間は、多くの異体系の書を読むは、唯迷いを増すのみ。但し非体系的なる書は、多読必ずしも妨《さまた》げずというべし。されど型とか枠を主とする体系的書籍の多読は、未定見の間は最も害あり、慎しむべし。

224

■選師

師を選ぶに三あり。素質よき者は唯一度にして選ぶ。次は求め求めて、ようや

225

くにして探り当てるなり。さらに素質の劣れるに至っては、最初その師を与えられながら、無知ゆえにその偉を偉とする能わず。迷い迷いて多年彷徨《ほうこう》のあげく、再び元の師に舞い戻るなり。予のごときこの典型的なるものなり。

■叢書に良書なし

一般的に言えば、叢書《そうしょ》というは、題目、分量、期日等を制限せられし書物ゆえ、良書のある筈《はず》なし、但し時に多少の例外なきにも非《あらざ》るべし。また一般に「現代〇〇」と冠せられた書にも概して良書なし。けだし現代云々とは、時流に投ぜむとの意なればなり。即ち著者自ら、その内容を語るわけにて、唯知らぬ者が知らぬのみ。

226

■叢書について

自分の著書を叢書中の一冊として平気でいられるのは、見ようによっては欲の少なき次第なり。多くはその時限りにて、大して欲しくもなき人も、予約にしば

227

られて買わされるが故なり。その上、後日真の読者が求めようとする頃には、多くは手に入らぬものなり。

■道を求める

道を求めるとは、畢竟心・身の統一を求めるの謂いに外ならず。しかも真に統一を求めんが為には、入門時において、先ず自分の肌に合いし一個の卓越せる体系につくを要す。異体系の摂取は、それによりて、一応現実界の説明がつく様になってからでも遅からずと知るべし。余りに異体系の摂取に急なれば、いつまで経っても自らの体系の樹立に到るの期なけむ。

228

■ジャーナリズムと思想家

所謂「現代の哲学」を云々するは、ジャーナリズムの仕事なり。けだし「現代の哲学」というは流行哲学の意なればなり。真に思想家たらんとするものは、何よりも先ず現代の現実を知るべきなり。

229

230

■『二宮翁夜話』

自己の体系を背後に隠して、日常茶飯裡に自家の見解を語るが如き趣の書は、或る意味では最上の書というべし。例えば『二宮翁夜話』の如きはこの類か。

231

■一筋の道

一すじの道を歩まむとは、自己の内的希求についていうなり。さればその現れたる処に即いて見れば、人生時に断続あるを保ち難し。

232

■最上最下

生命の振幅広き人間は、同一の事柄についても、これを最上の人と最下の人とに話し得るなり。その場合表現は異なれども根本は一なり。上は一流の専門家も及び得ざるていの表現を持しつつ、下は裏長屋の御内儀《おかみ》さんまで、納得行くように話せるは、けだし達人というべきか。

■哲学とは

他所事《よそごと》をして居て、真の哲学の成るはずなし。 233

■真の思索

人生の現実を離れて、真の思索はあり得ず。徒らにメニューを眺めてばかりいず、先ず一皿を食べてわが餓《うえ》を充すべし。その為には世間を気にすべからず。いわんや所謂学界においておや。 234

■真理は

真理は、唯人間の行為を通してのみ自らを実現す。未だ行為を通して現われざるものは、真理の半面に過ぎず。即ち又その射影のみ。 235

■人物

人間は時あっては人に騙《だま》される一面あるも可なり。たとえ女に騙されるとも、 236

女を騙すよりは勝れり。偉人は子供の如く、時としてはたやすく騙される一面あり。かかる人には、何人も親しみを覚えるものなり。相手に水も洩さぬという感を与える程度では、いまだ大人物とは言えぬなり。

■時の概念　237

時間の内面は意志なり。故に意志的体験なくんば、真の時間概念は得難しと知るべし。

■時の意識　238

時の体験の窮極は、時を忘るるにあり。一つの要求の充足しきった時は、時の意識はなきものなり。されど最高は常に最下に接す。故にこれと相似る最下の処は、蕩児《とうじ》の遊び呆《ほう》けて時を忘るるの類なり。

■金光教祖

金光教祖曰く、「今天地の開ける音を聞いて目を覚《さま》せ」と。天地の内容というも、厳密には人によって異《こと》なる。真に修養に努むる者には、日々異れる天地が開けて来るなり。念々刻々が天地開闢《かいびゃく》なり。

239

■今ここ

即今現在の一瞬裡に、無限なる過去と無窮の未来とが、その伏流において交流交錯するなり。

240

■我見

これまで我見に囚われし者の我見消滅したる一刹那、そこに天地開闢の音を聞く。されど我見を取るは難し。けだし我見消滅せりと思う時、すでに第二の我見は生ずるが故なり。故に我見は根本的には除けぬものと観念して、我見を取り去ったと思わぬ修行をするが可ならむ。

241

■一天地

242 人間は、真に生き甲斐ありと感じた刹那、そこに一天地は開けるなり。海苔《のり》の味をうましと思う時、日本人に生《うま》れし甲斐を感ずるもこれ一天地なり。西洋人には海苔の芥《あくた》のように思えて味わいなき由。

■明鏡に学ぶ

243 念起《おこ》ると共に生じ、念去ると共に滅す。来ぬ先に予期せず、去ってまた念を止めず。まさに明鏡に学ぶべきなり。

■講談

244 講談はある意味では民衆の倫理なり。されば年少の一時期講談を好むは、邦人としての性情の涵養《かんよう》に資する処なしとせず。されば世の父兄及び教師たる者、必ずしもこれを抑圧せず、適宜善導を要す。

■明治維新

245

日本の歴史は、明治維新を境として、前後に二大分せらるるの時あらむ。そは明治に入り初めて西洋文明に接して、全世界を知れるが故なり。最早《もは》やこれ以上、未知の領域なしと言うに至って初めて自己に還えり、自己の真実に目覚めるなり。されば我が国民の自覚は、まさに今日に始まるというべきなり。

■哲学の歩み

246

同様に真の哲学の歩みも、まさに之より始まるというべし。即ち西洋文化に接して、地上に一応未知の文化なきに至れる現代において、初めてその第一歩を踏み出すなり。これに反して西洋哲学は、彼等のみを以て世界となして真の世界を知らず、この落目やがて現われるの期あらむ。

■格言及び諺

247

格言及び諺《ことわざ》は、民衆の叡知《えいち》の結晶なれば、教育上適宜これを生かすと共に、逆にまた教育によりて之を生かすべきなり。但し格言は多くは理想を示すも、諺に至っては理想もあり、現実もあり。故に諺を授けるには慎重なる注意を要す。

敬称 248

卒業後、旧師を「……さん」と呼ぶか、「……先生」と呼ぶかによりて、言う方も言われる方も、共にその人柄のほどが知られるものなり。卒業後においてさえ、仇名《あだな》又は呼捨《よびす》てにするが如きは、する方もされる方も、共に論外の沙汰というべし。

人柄 249

大勢にて物を食べる場合、人の授業を見る場合、又借りた本の返し方、手紙の返事の出し方等々、何れもその人柄の現われるものなり。森先生のところへ御返事の最も早きは西晋一郎先生なる由。

■拙速を尊ぶ 250

手紙の返事は、時あっては要用のみを、一応葉書にて出す方、なまじいに失礼と思って封書にと思うて遅れるよりも、ましなる場合少なからず。とかく遅れるほど感じも薄くなりて、ついには義務的となるものなり。期限付の提出物なども、その出来映えはよし八点級なりとも、期日に遅れぬを良しとす。世に処するには、この意味での拙速主義が大切なり。

■遅速を問わず 251

人間の一生は、生涯ただ一回のマラソン競争ともいうべきか。故に一、二年の遅速は、一生の上からは何ら問題でないこと、あたかも後の雁《がん》が先になり、先の雁が後になるに似たり。されどこの理すら、一旦我が身上ともなれば、とかく見難きが我ら凡人の常なり。

人となるには

252

学校教師というものは、学校を卒業すれば、すでに職の方が待って居て、小言をいいながらこれに就く。かかる有様にて人並みの人間となるは、容易なことにあらず。教師も一度くらいは、給仕や使丁の経験をしてみるが可ならん。知事などでも、浪人の労苦を嘗《な》めた人は、どこか違う処があって、人に暖《あたた》か味《み》を感ぜしめるようなり。

思いきり

253

教師生活をしていると、とかく思い切りの出来ぬ人間となり易し。そしてああしたい、こうしたいと、「たい」の亡霊にとり憑《つ》かれて、これを打破するの勇気に乏し。一度打ち破ってみれば、これまで美化して来た亡霊の幻滅の悲哀を見出すものなり。もっともかようなことは、所謂出世のしたい人間には無用のことなるべし。

姿勢を正す

金的を射んと欲せば、すべからく先ず姿勢を正すべし。「教育」といふ金的を射止めんには、先ず自らの日常生活を正すべし。書物にあっても、著者に態度論の自覚なきものは、畢竟するに死書に過ぎず。

254

閃く言葉

書を読むには必ず閃《ひらめ》く言葉に注意すべし。閃く言葉とは、著者の心血の結晶なればなり。故に良書といわれる書ほど、この閃く言葉を蔵す。之等を手掛りとして味わっていれば、やがては全体の分かる時も来るものなり。

255

哲人を要す

誰でもある程度は経験している事を、何人にも心より頷《うな》ずかしめるには、けだし一世の哲人を要せむ。

256

257 ■知名にして報ゆ

人間五十ともなれば、何らかの業を成して、多少は人に報ゆる処なかるべからず。

258 ■棺を蓋《おお》いて事定まる

人間さもしさの極は、墓場の中で、自分の死後の様子を知りたしとの望みならむ。同時に逆に、人はもはや絶対に知ることなき死者に対する態度によって、その人の人柄のほどは窺われるものなり。

259 ■さもしき教師

さあといえば、嘗《かつ》ての日のわが教え子の出世話を持ち出すが如きは、教師上がりの人間の、ともすれば陥り易きさもしさなり。これ自己の歩みの停滞せる何よりの証というべし。

■自らを誇らず

禅僧でも、サアといえば、かって自分の会下《えげ》に参ぜし名士の名を持ち出すが如き輩は厭《いと》うべし。一時相当名の知られし某禅僧、乃木大将がしばらく参ぜられしことあるを終生心にもちて、大将薨去《こうきょ》の後にも、さあといえば「乃木が乃木が」といえりしという。その禅僧の真価は固《もと》より知らねど、予は好まず。

260

■弟子の態度

真の弟子たる者は、師の教えを受けている事を軽々しくは吹聴せず。かかる吹聴の暇あらば、まず師教をわが身に体証せんとするものなり。

261

■総合と称して

所謂総合的統一といわれるものは、とかく外側からの寄せ集めが多し。されば真の如実統一には、総合という語は好ましからざるなり。世に所謂総合と称するもの、多くは本物にあらず。分裂以前の源頭に自己を投入するところ、そこに初

262

めて、如実統一は得られるなり。

■書は人なり

現代の科学的文化のみではあきたらねど、さりとて真に哲学を求めるにも至らぬ現代人の希求を満たすに適当な著述はすこぶる乏し。何となればこの種の業は、一見さ迄にあらざるが如くにして、実は一世の人を要するが故なり。

263

■『正法眼蔵』

道元の『正法眼蔵』は、これを文学としても、文学史上その最高位に位せむ。深き宗教的体験を表現するに、渾然《こんぜん》たる象徴性を以ってす。ある意味では、ここに我が国哲学の表現様式の一示唆が見られるともいうべし。

264

■師恩

森先生、師範学校卒業のおり、恩師八木幸太郎先生に卒業記念として購入すべ

265

き書を尋ねられしに、現在は解るまいが、十五年後には役立つ故、『日本倫理彙《い》編』を買えとすすめられて購《あがな》いしに、先生三十三才の年頭に、始めてその中なる藤樹《とうじゅ》先生の『翁《おきな》問答』を読まれて、恩師の深意ここに繹然《しゃくぜん》たりしという。

■流行語 266

流行語は成るべく用いぬがよし。流行の学説から多少の示唆は受くることありとも、いやしくも見識ある者ならば、麗々しくその著書に流行語は使わぬものなり。況んや書名や表題等においてをや。

■谷秦山先生 267

谷秦山《じんざん》は谷干城《たてき》の祖父にして、日本における最も敢為なる土佐南学の朱子学者たり。干城の熊本城を死守せしは、全く祖父より得たるその思想的根拠によるなり。

268 ■朗読尊重

国語教授に当っては、解釈よりも朗読が根本なり。もし朗読にして恍惚《こうこつ》として聞き惚れ、真に面白いと感ぜられるならば、国語教育の目的の過半は達せられしというを得べし。

269 ■化

化とはリズムによって化するなり。理屈によって化するにはあらず。リズムの味は言葉には言い難けれど、解釈以上に深く人心を化するものなり。

270 ■時を守る

会合において時間の厳守せられぬ根本は、主催者側に真に実行の意志なきが故なり。されば時間励行を為さむとせば、主催者たるものまず断行の意志を固め、あらかじめその趣旨を人々によく徹底し置くべし。そして開会の時間に無理をせず、かつ参集時間と開会時間とを区別し、開会の時刻来れば万難を排して開くべし。されば徒らに世間を責めるよりも、まず脚下を照顧し来って、自己の責任を正すが先決問題なり。

■提出期限心得　271

すべて提出物の如きも、提出期日に無理なき様にし、また都合によっては、受付け開始日と〆切日とを別にし、その間、余裕をおくも一法ならむ。また提出する側としては、〆切日より幾日か前に、自己の〆切日を定め置くがよし。かくすれば世の中急に明るくなりて、生活もつねに余裕を生ぜむ。

■修身教授　272

終身教授の良否は、それが生徒の心に触れるか否かによって分かれる。そして生徒の心に触れんが為には、教師たる者、すべからく先ず自己を深省すべし。真に自己の如是相を諦観し得れば、性や年齢を異にすとも、尚かつ通ずる処あるものなり。

■ひたむきに進む 273

道を求めるには、むきになるほどでなければならず。社会の求める処もまた、己が職分にむきになって、打ち込んで行く人なり。彼も人なり我も人なりとの心構えにて、ひたむきに進むべきなり。教師の生活は、特にかかる内的緊張を欠き易し。

■一燈園の行願 274

一燈園では、便所掃除と言うが如き最下底より人生を出直さしむ。吾らの日常生活においても、そのうちに何か一点最下のものをもつがよし。例えば一日一度は粗食をするが如きも、それによって天地大自然に通ずるを得む。又そこに初めて独自の力を覚え、又初めて深く感謝の念を生じて、凡百の不平自らにして消滅するに到らむ。

■講習会

講習会は校長自ら出席すべきなり。しかもかかる校長は、平教員時代つねに出席したる人なり。或はさらに学生時代にもすでに聴講せし人ならむ。会費を出して貰わねば出席せぬといふ程度では、全く問題にならず。また会費の割引きの如きも、一見特典の如くにして、実は聴講の功徳も、それだけ減ると知るべし。 275

■決断

物の決するは、最後は一人の決断による。この理《ことわり》知らずんばあるべからず。 276

■下座講

学校教師は使丁の下座行を経て、はじめて教壇の神聖を知り得べし。それ故真に教育者たらんとするものは、出来れば使丁の経験もしたきものなり。 277

■甘受と低所

人から故意の仕打ちを受けて、それを甘受し得んがためには、よほどの低所に身を置きて自己を固めるの要あり。されどこれまことに容易なことにあらず。 278

■書生気質では

世の中へ出てから、何時までも書生気質では、とかく蹟《つまず》くものなり。一方には学生時代の自由を忘れず、研究はぐんぐん進めると共に、他方世の中の厳しさに目覚めて、その如実々相を正視するを要す。されどこれら両者の調和もまた容易にあらず。 279

■席を変える

対異性関係にあっては、人みな木石にあらざる限り、真に大丈夫と言い得る者はなからむ。要はただその危険を如何ほど早く前知するかにあるのみ。一集団に長たる者、もしその中の一女性に親近せば、その集団はやがて綱紀弛緩《しかん》すべし。 280

電車などにて目につく異性あれば、席を変えるくらいの心掛けあって可なり。

真学への入門

我が身に与えられし制約を自覚すること、これ真学への入門なり。されば自己の専門を至上と考えている間は、未だ真に門に入る者に非ず。哲学を以って単に諸学の王座とのみ考えている程度では、とうてい真の哲学は生れざるべし。自己の専門も、結局はOne of themにして、他にも幾つかの門あることを知るに至って、初めて真に門に入ると言うを得べし。

281

道は多くして

自分が門に入った当座は、道は之のみと思うものなり。されど次第に堂奥、中心に近づくに随《したが》って、他の門より入り来し人々とも会するなり。日蓮がはじめ猛烈に他宗を排斥せしは、入門時の感激昂揚《こうよう》によるもの、後、身延《みのぶ》に入れる頃には、ようやくその沈静を見る。これ全く以上の過程を示すものなり。

282

人それぞれ

人の救われるにも、それぞれの型なり。情的なる人は、真宗及びキリスト教の如き他力教によって救われ、これに反し意志的なる人は、禅宗ないしは日蓮宗の如き自力教によりて救われむ。然るに現代人の多くを占める所謂知識人型の救われる道は、未だ出現せず。知識人型の人の救われるには、体系性を内包する易簡なる宗教哲学的宗教の出現を要せむ。

283

夫婦は心を一つにして

夫婦は、信を一つにして初めて、一体の実を挙げ得るなり。これ一面からは人生最難の事なれども、真の人生はここよりして初めて開けむ。

284

心身一如

心身は一如なり。故に信仰によりて病の癒ゆることのありうるは、必ずしも不思議にあらず。之をどこ迄も疑わんとするも正信にあらず。されど治病を眼目と

285

して入信せしむとするが如きは、もとより宗教の正道にあらず。かかる入り方をすれば、その信仰はとかく膚浅《ふせん》となり易く、病癒ゆれば信もまた薄らぐを常とす。

■少年よ大志を抱け

近頃の若人には、一旗挙げてやろうとの意気込みをもつ者少なし。口頭の空元気はもとより好ましからねど、内面的には大なる志気を抱くを要す。

286

■教室の空気

水も洩らさぬていの学級経営をしている教室へは、一寸足の踏み込み難き感がするものなり。例えば机の端を揃えるだけでも、教室の空気は大いに引き締まるものなり。

287

■利他行

西先生に私淑せる交通不便の田舎の校長、校長会などにて町に出る時は、常に

288

村人達の用達飛脚を勤めたりと。

馬鹿になり切る

人間真に打ちこめば、頭のよしあしは問題にならず。人間功を為す、必ずしも難からず。ただ馬鹿になってどこまでも続ければよし。ただ馬鹿になり切れる者世に少なきのみ。

289

十年の努力

人間何事にも先ず十年の辛抱が肝要なり。抜くべからず、奪うべからざるは基礎工事なり。先ず黙々十年の努力によりて成るべし。

290

自反不抜

まず月給取り根性を擲《なげう》つべし。努力と報酬とを比較せず、自分ではかなり努力したと思うに月給が上《あが》らず、口上手なる者の昇給早きを見せつけられる時こそ、

291

自反に徹して、そこに不抜の根底を築かざるべからず。人間ともすれば、一旦の栄辱《えいじょく》得喪《とくそう》によって、生涯の道を誤るもの少なからず。畏れざるべからず。

■修養無限

292

修養の事はすべて中途半端を忌む。中途半端な修養なら、なまじいにせぬがよし。現に中途半端な修養気取りにて顛《つまず》ける例、世間にも少なからず。

■人生二度なし

293

男一匹ズブリと頭まで水中に没して、馬鹿になって思い切り離れ業を演ずべし。人生は二度なきが故に――。

■捨身

294

人間、どうせやるなら捨身になって、トコトンやり抜くべし。されど一念私意のつながりがあれば、それだけ不可と知るべし。

比較せずに

すべて比較が迷いの根元なり。されば他人と自分を比較せぬがよし。比較するゆえ気がもめるなり。確固たる根を張るまでは、息のつづく限り水を潜って、他人《ひと》の泳ぎ振りなど見ぬがよし。

295

腹声

声は腹より出すものなり。それには平生、踵《かかと》にて呼吸するを要す。座談まで、一語一語が腹より出ずるに至れば、これ一廉《いっかど》の人物というべし。

296

渾身の呼吸

すべての部分が完全に働く時は、実感としては全体が動くが如し。画家は全身にて風景を観、書家は躰を打《ぶ》つけて書をかく。同様に渾身《こんしん》の呼吸とは、踵もてする呼吸なり。

297

声は腹より 298

声の腹より出ずる時は、疲れを覚えぬものなり。禅語に曰く、終日語って一語を語らずと。声、腹より出ずるに到れば、教師という職業もまた楽しきものとなる。

自問自答 299

声を腹より出す工夫としては、相手に聞かせる事を第一とせず、すべからく内に向って言う心大切なり。自問自答、わが腹中に印刻するなり。これに反して相手に向って、これでも分からぬかと思う時、声は上ずって口頭より出ず。それ故つねに自問自答。世の中すべて之で行けば気楽なものなり。

化他の行 300

世上、種々なる教化運動も、自らを救うことを主とせざれば、事業の大となるに従って、しだいに内部に摩擦や軋《きしみ》を生ぜむ。自己を救う余波が、おのずと他を救うに至って、初めて真に化他の業というべし。

■一語一語 301

生徒でも、聞かせようとすると、かえって聞かぬものなり。先ず自己に向って言うを自ら聞き、一語々々を吟味し行くが可ならむ。されば人間は、「声」の門からも道に入り、人生の堂奥にも達すべし。

■上中下 302

読書中には感じても、読み了れば、忘れ去るは下。少しく時を隔てて思い出すは中。常時意識の底にありて持続するを上となす。この時、真の修養の一歩は始まるなり。

■宗教とは 303

二六時中、一事の実行を貫くに到って、初めて生活に中心を生ずるなり。そしてその一事の最後の目標は、絶対者と自己との直続なり。同時にかく絶対者と自己との直続関係を、二六時中忘れざらむとするを、宗教とは言うなり。

■修行の順序 304

修行の順序。自己の専門に即して常に物事の理に心を止めるを始めとす。次には実行の常時とその接続。そして最後は絶対者との直続の自覚の常持続なり。何れにしても、常持続を期するにあらざれば、修行は不可能と知るべし。

■本の値打ち 305

買うべき書としては、十年経っても値打ちの変らぬ書たるべし。

■心すべきこと 306

暑がって居る状を人に知られぬよう、腰のかけ方、汗のふき方等々に至るまで万事に心すべし。

307 返事一つに

返事の仕方一つにも、その人の人柄は現われるものなり。わずか一秒早くても、そそっかしやと言われ、これに反し一秒遅れても、不承々々の返事と思われるなり。

308 救い

万物はすべて救われてあるなり。即ち繋縛《けいばく》の縄は、すべて解き放たれて居るなり。しかもそうと知らざる間は、縛ばられているに等し。これすべての宗教にて、信じざれば救われずとする所以なり。故に信なき者は救われずとは、金を出さねば品物は遣《や》らぬというが如き、相対的取引きの類とは、根本的に異なることを知らざるべからず。

309 救済の自覚

「南無阿弥陀仏」と唱えるは、自分が救われて居るとの自覚の発露なり。されば救済とその自覚とは、同時相即というべし。

■身銭を切る意義

310

会費割引の講習会はその収穫も割引され、また人より戴いた書物は、勿体《もったい》なければすぐには読みかけぬ場合多し。

■さもしさ

311

物を購《あがな》うに、色々とつてを求めて安く買わむとするは、人間がさもしく見ゆるものなり。

■返礼

312

人様から物を戴いて返礼するは、単に儀礼のみにはあらで、返礼をすることによって、戴いたものの真価をふかく味わう道でもあるなり。

■事に没頭する

313

もっともらしい理屈によって、自己の所信が覆《くつが》えされむとする場合には、十日なり一ケ月なりを静かに考うべし。勿論反駁《はんばく》の為にはあらで、自己の所信を明かならしめんがためなり。苟《いやしく》もそれが「真」なる以上、必ずや内に理法を内包すべし。但し理は相対的のものゆえ、理によって相手に打ち勝たんとするは避けるが可ならむ。けだし理の優劣を決するものは事実なればなり。故に理によって、勝たんとはせず静かに「事」をして勝たしめんとすべし。

否、事に没頭する時、かかる勝心は凡て消え去るものなり。

■我にとっての真理

314

教師としては、何よりも先ず教室内に生かし得る真理こそ、我にとっての真理と知るべし。

下学雑話（三）

■死後読まれぬ書物は

315

その人の死後読まれぬような書物は、厳密には著書の名に値《あた》いせずともいうを得べし。けだし肉体の分身なるわが子さえ、尚よくその人の死後に生き残るを思えば、永遠をその本質とする真理の一表現たる著書にして、その人の死後読まれざるが如きは、真の著述の名には値いせずというて可ならむ。

■内に充実する人格

316

教室の静けさは教師自身、満を持して放たざるていの力を持つことにより、初めて保たるるなり。されば子どもらを静かにさせよう〱と思うこと自身が、すでに心の隙なり。かく心の隙のある教師が、教壇上にていかに焦慮すとも、生徒の鎮まる道理はなし。内に充実する人格の現前そのものが、初めて子らを鎮めうるなり。

■上下、逆になることを

317

すべて官公職にある者は、以前自分より下級なりし者が、己れの上席に来る場合あることを、あらかじめ覚悟し置くべし。さし当っては相手の役目を尊んで、昔日の幻を見るべからず。この弁《わきま》えが出来ぬようでは、辞令をもらっている公人の資格なし。否、宮仕えの身としては、つねに最後は自分より若く下位なりし人間に、首を切らるゝものと覚悟しいるを要す。

■仕事に没入

318

人間も、地位や名誉を忘れ得ぬ間は、いまだ心に隙ありと知るべし。さりとてまた最初から地位や名誉を欲せぬような人間も役に立たず。人一倍地位や名誉を欲する人間が、飜身《ほんしん》一転すべてを投げ打ちて、仕事そのものに没入する時、かえつて地位や名誉も伴い来るを常とす。たゞし現実界ゆえ必然にとはいえず、ゆえに根本の根は、必ず切断し置くを要す。

■大差を生ず

自覚的なる没頭は功を為し、無自覚なれば居睡《いねむ》りに堕す。同じく田を耕すにも、単に一日の仕事として耕すか、一家を憂えて耕すか、はたまた一国を念頭において耕すかによって、そこに描かれる波紋にも小大無量の差を生ずべし。しかもその現れたる処は、畢竟じてみな田を耕すに過ぎず。

319

■欠けたるもの

世に糞《くそ》真面目とか馬鹿正直と言わるるるものあり。これは表面上には、何等欠くる処なきが如くにして、しかもその実、内面的自覚において、大いに欠ける処あるをいうなり。

320

■死して後

我われ凡人は、肉体の解体と共に消え失せるも、偉人はその肉体の解体と共に、かえって無碍《むげ》の活動を開始するなり。生きている間は、如何なる偉人といえども、

321

肉体の時空的制約をうけて、時・処・位的限定を脱し得ざれど、ひと度《たび》死して肉体の束縛より解放せらるゝに及べば、その活動たるや全く無礙自在というべし。

読書心得、一

読書はものにもよれど、一応先ずさらっとその全体を読み、心に触れしところには適宜印をつけ置き、後改めてゆっくり味《あじわ》うが可ならむ。一読過し了《おわ》って、二度と読む気にならぬはつまらぬ書物か、然らずんば自己に縁なき書というべし。

322

読書心得、二

読書に当っては、何よりもまずその書の調子を知ること肝要なり。こは外国書の場合にも当てはまることにて、最初は丹念に、一々辞書を引いて読み行くも、一たびその書の調子が分かるに及んで後は、一々文字の詮索《せんさく》はせずとも、大たい通読して分かるものなり、独力にて、単行本一冊を読破せば、横文字を恐れぬ程度の度胸は生ずるものなり。すべて最初の一冊が大切なり。

323

■読書心得、三

書物を買うのみが最上にはあらず。いわんや書物の買い惜しみをする様《よう》では、とうてい人生の関所を越ゆべくもあらず。才の人は、二十代三十代は、才にてごまかせても、四十五十に至りては、書を読まぬ人間は、何としても油が切れて運転は止まるものなり。

324

■少しの雨は

雨が降るからとて、すぐの近処へも、背中を丸めて、ちょこ〳〵走りするが如きは、その人柄のほど推して知るべし。逆境に出逢いし場合の醜態も、ほゞかくの如くならむ。少しくらいの雨ならば、平然として素知らぬ顔して、人は如何様にもあれ、われは平気にてすた〳〵と歩むべし。

325

■逆境三年

人間も、真の逆境の期間は、概して短きものなり。大たいのところは、正味三

326

年と心得て間違いなからむ。十年もたてば、凡ては一変するものなり、いなや人間も十年たてば、必ず何れかが変わると知るべし。順・逆一如。

■逆境の心得 327

逆境にあってじたばたせず、抜けがけの功名をせむとせず、自分を他人と比較せず、わき見をせずにすた〳〵と、我がひとりの道を歩むべし。この種の人間をつくり得れば、学校教育もほゞその任を果したりと言うて可ならむ。

■語感 328

人は心境の進むと共に、語感もまた鋭敏となるものなり。日本海大海戦における東郷元帥の「敵を撃滅せんとす」の語は、始め「邀撃《ようげき》せんとす」とありしを、元帥自ら朱を入れて改められしという。また元帥の令息の名付親が、初め「彪《ひょう》太郎」と付けしを、元帥自ら太郎の二字を消して、「彪」と改められし由。

■チリ紙

329

生徒にしてチリ紙を机の中に入れる者あり。思うにこれチリ紙の薄きが故による。随《したが》ってこれを防ぐ方法としては、地質の細き古手巾《ハンカチ》を以て代用するか、それとも生徒としては、新聞紙を使うも可ならむ。

■公職にある者

330

公職にある者は、時には自己の意に反して転任を命ぜらるゝ事あり。かゝる時、送別式、送別宴会等における挨拶や態度等に、いさゝかたりとも取り乱したるが如き気色あるべからず。虚心に型の如き挨拶をなすべきなり。しかしそれには、平素かゝる場合の挨拶を、他人の上について十分会得し置くを要す。たとい心に平《たいら》かならざるものありとも、送別宴会等に招かれながら、出席せぬというが如きは、以っての外というべし。これ公職者として、常識を欠くの甚《はなはだ》しきものなり。

■事務引継ぎ 331

新旧事務の引継ぎは、公人晴れの場所なり、後任者に対しては花を持たせ、また前任者に対しては、その徳をあらわす心掛けを忘るべからず。

■皆読皆書 332

芦田先生の「皆読皆書」は、日本人と生れて学校へ入ったからには、せめて読む力だけなりとつけてやらねば――との教育愛に発せしものなり。故に子どもらに対しては無理をせず、みだりに叱らず、またしいて手を挙げさせせぬを可とせむ。かくして一々の根底に教師の愛情のはたらくを要す。

■研究十年 333

自分の研究が正しきか否かは、自己の職責に照らして見れば自ら明らかならむ。単に資格をとらんが為の研究、または世評を得んがための研究なるべからず。如何に深き研究といえども、わが眼前にいる子らの上に生かさるる処なかるべからず。これ実に教師の研究の根本標準なり。かゝる研究は、年と共にようやく進歩して止まず。けだし現実そのものに根を下せるが故なり、但しかゝる態度による研究は、双葉の出ずるに、先ず十年はかゝるべし。されば、あらかじめその覚悟を要す。

学問の深さ

334

小学校教師とて、学問は如何に深くても可なり。否、一般的教養としては、少なくとも専門学校卒業程度以上の見識あらまほしきものなり。如何にしてこれを獲《え》るべきか、これ実に大問題なり。真に国民教育を憂うる者は、先ずこの点に心を用うるを要す。

乃木将軍、一

335

乃木将軍は、つねに戦場を忘れず、洗面の水は、器に半分ほどしか用いられざりしという。教師も平教員時代より、学校の電燈、火鉢の帰り火、水道の栓の閉じ方等々に至るまで、つねに学校の経済を念頭に置く人は、他日相当の人物となるべし。首席や校長の地位になつてから、初めてこれらに気付く程度では唯の人間なり。

■乃木将軍、二

336

乃木将軍、就寝は常にズボンを穿《は》かれしまゝなりしと。われわれも宿直のさいの範とすべきなり。スワ火事といってから、暗闇の中でズボンを手探りしている様では、急の間には合わぬと知るべし。室の入口に靴をそろえて置くも、宿直者の心得の一つならむ。

■態度二様

337

教師にして一技一能を修める態度に二あり。一は単に「好き心」或《あるい》は名利の念よりこれを練る。今一つは、一技一能を磨きて、進んで道に至らんとするものなり。後者はその内面に一脈の凄味《すごみ》を有す。

長の心得

いやしくも一校に長たる者、一技一能を以って謳《うた》わるゝが如きは、畢竟するに第二流者というべきのみ。 338

大器晩成

若きうちに名を謳われし人は、男盛りの頃には、すでに内面の力消耗して、次第に抜け行くもの多し。されば総じて小手先のことをせず、つねに活眼を開いて、二十年、三十年の先を見るを要す。 339

牛にひかれて

人間誰しも始めのうちは、牛にひかれての善光寺詣りなり。師にひかれ、朋友にひかれて、お義理に修行の緒につく者多し、故にまたかゝる縁をつくり、牛を見付けるよう心掛くべきなり。同時にそのさい、牛はすべからく日本一のでっかい牛が良し。 340

■学校教育では

自己の当面する現実直下の難関を打開するに力ある学問は、現在の学校教育では、先ずは施されぬものというべし。然らば何処に向ってこれを求むべきか。これ学校卒業者の深省を要する最大問題というべし。

341

■正師を求めよ

根本方向の定まらざる間は、如何に歩むも畢竟じて益なし。しかも人生の根本方向を教うるは、正師をおいて外になし。人は真の「正師」に接すれば、生涯歩まずにいられぬようになるものなり。それゆえ人はかゝる「正師」を、草を分けても探し求むべし。人生の意義というも、ついにこの一事の外なかるべし。

342

■経済の問題

一生において、最も多く金の要るは、五十代六十代なり。しかも俸給生活者は多くはそれ以前に首になるなり。この一事心するを要せむ。

343

344 ■神は正直なり

世の中ほど正直なるはなし。神は正直なりとは、世の中は正直というに同じ。それの肯《うな》ずけぬのは、畢竟これ己身の名利に拘われるが故なり。

345 ■真実に生きる

すべて真実に生きんとせば、人生の最終目標がつねに眼前に明瀝々として、その間ほとんど距離なきが如くなるを要す。但しこれ容易のことにはあらず。

346 ■自己の将来は

新任早々より、校長、首席はもとより、すべて同僚先輩の行為は、一々眼をつけて学ぶべし。何となれば、それらはすべて自己の将来の姿なればなり。とかくの批評は、これをわが他日の姿と見得ぬところより生ず。

最後を見届ける

講演会の後もし座談会あらば、それへも参加する様ならでは、共に語るに足らず。必《かならず》しも質問するの要はなけれど、他人の質問に対する解答は、十分にこれを聞くべし。すべて人間は、最後のところを見届けるまでは退くべからず。

347

学校を我が家とする

平教員でも、日に一度は校庭を見廻り、紙屑《かみくず》や小さきガラス片などあらば、拾うくらいの心掛け、あらまほしきものなり。これ学校を我が家とするの心なり。平教員時代にかゝる心掛けあらば、校長となりて後は、小事はかえって知らぬふりも出来るものなり。

348

教師の心眼

教師の心眼に、子どもらの家庭における一挙一動が映ずるに至って、初めて教育も徹底するを得む。たゞわが面前にいならぶ子らを教えるのみにて、教育した

349

りと思うは、お目出度きことなり。教師の鋒先《ほこ》は子どもらを貫いて、その鋒先家庭に及んで、初めて教育も多少の効を生ぜむ。

■成績処理

350

成績物の処理は拙速をたっとぶ。必ずその日のうちに処理すべしとの鉄則を打ち立て、完遂すべし。これ最も楽になるの道なり。

■教師の心すべきこと

351

偶《たま》たま何かの拍子にて、年に一度くらいは生徒をなぐっても、親としては年中わが子がなぐられて居ると思うものなり。教師たるものまことに深省を要す。

■子供は伝令なり

352

子供は教師より父兄への伝令なり。五十名の子ら、すべて伝令として家庭への連絡を為すに至って、はじめて教師は全家庭をその掌中に把握すというを得む。

教育もここに至って初めて真に行なわる、というべし。

■教師の心得

353

教師は、如何なる父兄に対しても、対等に話し得られるようにあるべきなり。但し父兄に対して引け目を感ぜぬは、必ずしも知識、教養の差にあらず。結局は子らに対する無私の愛情によるなり。これは地下百尺の岩盤をぶちぬきて、その本源より吹き上《あが》る地下水の如きを要す。手を以てせず、体を以て山草を分けつつ一道を開くべし。

■人の真価

354

人の値打《ねうち》の真に現わるゝはその死後なり。同時に教師の真価は、退職後はじめて現わるるというべし。退職後、尚、教育者として生き得る覚悟、果《はた》してありや。これなくんば、在職中も真の教育者にあらざりしなり。

■心に覚悟すべき

人はせめて、自己の苦しみを甘受するだけの覚悟に到るべきなり。355

■時を守る

時間の厳守は、時間に囚われるにあらず。否、時間に従うことによって、逆に時間を征服するなり。356

■凡人の修養

われら凡人の修養は、最初のうちは功利の餌《えさ》で釣られ、ついで意地というバネによって進み行くものなり。357

■忍耐と「知」

将来が信ぜられゝば、何人もよく忍耐し得るものなり。然らば忍耐もまた「知」に基づくというべきか。358

■わが力となるもの

若き間に真宗または禅の何れか、又は双方に触れ置くが可ならむ。他日時来れば、何れか自己に適せるものわが力となるに至るものなり。359

■高利貸しの魔手

信用貸し、無担保金融、信用金融等々は、すべてこれ高利貸しの謂いなり。教師にして一《ひと》たび高利貸しの魔手に引っ掛かれば、全く身の破滅と知るべし。しかもその例必しもなしとせず。360

■借金

借金は親しき人にはかえって頼み難きものなり。これ高利貸しのつけ込む人間心理の弱点なり。どうしても借金せねばならぬ破目に陥らば、崖より飛び下りる気になつて、最も借りにくい人の所へ借りに行くべし。自ら道は開けて、結局は最良の道となるべし。361

金を貸せば

金を人に貸せば、まず九分八厘までは返らぬものと思うべし。そこを弁えねば、かえって仲違いのもととなる。迂闊《うかつ》に金を貸せば、金と共に友情をも失うものなり。故に申し込まれし額の幾分を、初めより見舞等の名義にて与えるも一法なり。

362

保険

実社会に出れば、確実なる会社の保険に入り置くの要もあらむ。但し初めより多額をかけて無理をせぬこと、これ永続の秘訣なり。保険は元来万一の場合に備えるものにて、保険ぐらいで、死後も遺族の生活を生前通りに維持せんとするは、無理な話なり。畢竟遺族の境遇変化のつなぎの用のみ、それ以上は天に委《まか》すの外なし。このように、人間如何に考えてもどうにもならぬ事柄を、くよ〱心配すれば、竟《つい》には首でもくゝるの外なからむ。

363

364 ■一人の死

一人の死は大事件なり。主人死して妻子困窮せざること何処にかある。なまじいに金のある未亡人は堕落するもの多し。よくよく考うべし。

365 ■死後のことは

自分が死ねば、妻子の困窮するは当然なり。よほどの蓄財ありとも、俸給生活者の程度では、主人生存中の生活を持続すること能わざるべし。故に死後の事は、結局神に一任するの外なし。

366 ■清沢満之先生の言葉

「仏は何人にも仏飯を給したまう。唯夫れが大廈《たいか》高楼《こうろう》にて給せらるゝか、茅屋《ぼうおく》にて給せらるゝか、はた又獄舎にて給せらるゝかの差あるのみ」と。これはこれ、明治宗教界の偉傑清沢満之先生の語なり。

■資産と昇進

教師にして家に資産ある者は、昇進の遅るゝことを覚悟すべし。これ金の運用と教育との両道を行くゆえ、とかく捨身になれぬが故なり。

367

■破綻の因

独身時代に経済上の破綻の因となるは酒と女なり。学校全体の宴会は必ず出席すべきも、一部の小グループにて飲みに行くなどは、差し控ゆるが可ならむ。もつとも場合にもよることなれど、とにかく酒の少々行ける者は、特に注意を要す。

368

■「我が国」

我が国を以てわざ〳〵「日本」と叫び、さらには「この国は」などと呼ぶは如何あらん。我々としては、己れの家を「我が家」と呼ぶが如く、われ等の国は、これを「我が国」というべきにあらずや。

369

■生命のリズム

370

一応の解釈は容易なれど、真に読むは至難のことなり。また文を書き或は訂正するにも、所謂論理的か非論理的かと考うるよりも、生命のリズムを基準とする方が、結果としても却って論理に合するものなり。これ実理は単なる論理の形式にあらずして、実に生命のリズムそのものなればなり。

■日本画

371

日本画は、単純なる静物画と、構成的でありながら、それを秘めたる風景画となり。哲学は組織が外に現わる、もの故、所謂日本人向きにあらず。これに反して絵画では、組織は中に隠されて外面は極めて単純なり。我々日本人に愛される絵は、概して単純なるもの多し。これ内に無限の複雑さを蔵するが故なればなり。

■東西文化

372

我が国の当面せる重大問題は、結局は東西文化の統一なり。根本において異質的なる東西両洋の文化を融合するは、まことに容易ならざる大問題というべし。しかも我々は現にかゝる時期に当面しつゝあるなり。されば我が国の現在は、ある意味では有史以来未曽有《みぞう》の文化的混乱期ともいうべきか。

■学問困難の時代

現在は、ある意味では、歴史始まって以来、学問の困難なる時代ならむ。強いて求むれば、儒仏のはじめて渡来せし聖徳太子の時代にも比すべきか。学問の困難なる根本原因は、如何なる書籍を、如何なる順序で読むべきか、一切不明なるが故なり。昔は学問といえば儒教にて、儒教といえば四書五経は動かぬ処にて、他はこれが脚註のみ。又僧侶は倶舎・唯識・起信・天台・華厳等々の基礎的教学の外、各自己の属する宗派の根本所依の経典等、すべて学ぶべき書物はもとより、順序までも決められていたるなり。然るに西洋文化を移入せし現在、如何ほどの書を、如何に読みゆけば、一応学問したりというを得べきか、何らの基準もなし。これ今日学問の困難なる根本原因なると共に、さらに現在の思想的混乱の根本原

373

因にてもあるなり。いやしくも一世の積学《せきがく》ともいわる丶程の人は、先づ活眼を開きてこの辺の消息を大観せむことを要す。

■東洋画と西洋画

岩峭《がんしょう》に出発する東洋画と、裸体に出発する西洋画の統一は、あたかも天国と地獄の統一の如く困難なり。洋画家は、東洋画のもつ空白の意義を考うべく、また日本画家は、洋画のもつ力感と現実感とを深く研究すべし。然れどもこれら両者の統一渾成は、恐らくは予想以上の長年月を要せむ。

374

■選挙制度

現行の選挙制度の中には、我々邦人の性情に合わざるものあるが如し。総じて我が国にては、自薦はたしなみある者の古来卑しみ来れる処なり。これ議会制度幾十年、しかも年々議員の質の低下しゆく根本原因ならむ。また親分子分関係の存する我が国にては、買収の根絶の如きも、仲々容易のことにあらざるべし。け

375

だし自分の主人筋にあたる者が、公衆環視の中にて、一票の差により死生を決せらるるとあれば、わが身は犠牲にしても、親方を勝たせむとの念を起すもあるべし。さりとて選挙に代る如何なる良法あるかとなれば、これまた容易のことにあらず。結局は時の力によりて、落ちつく処へ落ちつく外なからむ。

■環境

376

人は環境の影響を受けざること能わず。これ一面悲しむべきが如くなれども、これを悲しむべしとするは、その人が単に環境の支配下にあるが故にて、ひと度これを超脱せば、悠々たる天地自らにして開けむ。真に独創的なるものは、多くはかくの如くにして生《うま》る丶ものなり。総じて環境と無縁にして生まれし如何なる独創もあることなし。

■人の素質

377

人間の素質如何は、結局は実現してみねば分らぬものなれど、もし事前にこれを予測するとせば、恐らくは意志力の強弱を以って判定するの外なからむ。真にその素質ある者は、容易に中途にて諦めざるものなり。

■ごむ毬の理 378

ごむ毬《まり》は壁に突きあたって初めて弾《は》ね返るなり。たとえ壁の手前一分《いちぶ》まで行っても、突きあたらぬ限りは決してはねかえることなし。この理知らずんばある可《べか》らず。

■大成を期すには 379

背景の深さと大きさとを持たぬものは、すべて大成せずと知るべし。若い間に、材料を豊富に仕入れ置き、将来自己の世界を構築するの資と為さむことを要す。

■一応の目安 380

すべて「分類」は、一応の目安にすぎず。真の現実は無限連続にして、決して書籍に書かれたるが如き分類の境界線が実在するものでなし。この点に気付くもまた、眼光紙背に徹するの一面というべし。

■精神科学の領域 381

自然科学は、実物をその直接対象とするゆえ、如何なる学者も対象そのものを逸することなし。然るに人文精神の学は、本来反省の学なるがゆえに、必然、先人の反省の投影たる書籍を媒介とせざるを得ず。かくして凡庸なる精神科学者は、ついには学の対象がこの現実の天地人生なるを忘れて、書籍そのものと解するに至る。これ古来詞章の学と呼ばれしものなり。否、精神科学の領域にては、その対象がこの現実の天地人生なることを知るのみにて、すでに一流者というを得べし。この一事考えざるべからず。

■幼童には 382

幼童には、我が国は世界一と教うるも必ずしも不可なかるべし。されど長ずるに及んでは、次第に世界各国の長短を知らしめ、しかもわが立つところが絶対必至の一道なることを了知せしむるを要す。

■訳語は用いず 383

人間最重要の箇所には、訳語は用いぬがよし。

■分の自覚 384

天上天下唯我独尊とは、自己の唯一性の謂いなり。即ちまた真に自己の、分を知るの謂いなり。自己の分担には、何人も一歩たりとも踏み込ませぬというは、これ自信の極、自己の分以外へは、一歩も踏み出さぬというは、これ謙虚の極。そして「分の自覚」とは、この両面の如実統一を言えるものにして、天上天下唯我独尊とは、これをその積極面より言えるものなり。

■読書の心得 385

書を読むにあたり注意を要するは、同一の理も人により、また時と場合によって、種々の表現形態をとるということなり。故に表現形態の変化に欺《あざむ》かるゝことなく、その根底の共通基盤を押えて掛ること肝要なり。次にはかゝる唯一なるものにも、その表現形態に異同あるゆえんを弁え、その異同を識別すること大切なり。即ち多を通して一を捉え、根本の一を捉えてまた多に還るなり。

■贅するところなし 386

一語の贅《ぜい》すべきなきに至って、初めて真の学と称すべし。我われ教師は、とかく要らぬ事を言いすぎる故、空転して進歩せざるなり。

■自覚を深める 387

自覚はその表現に至るまで、深めむことを要す。自覚深まれば、そは必ず表現として現わるゝが故なり。また表現をとるに至って、初めてその波紋は客観的に周囲にも及ぶなり。

■栴檀《せんだん》は双葉より芳《かんば》し　388

学生時代に、掃除の際ガラス一枚を拭く中にも、その人が二十年三十年後に、教育界にて如何に活躍するかの原動力は、養われつつありと知るべし。

■気魄を持して　389

一度起てば、千人をも撫で斬りにするほどの気魄ありてこそ、一転すれば万人をも救い得るなれ。随って真の道徳は、とうてい所謂お人よしの入り得る世界に非ず。何くその気持ちなくては、出発すらも出来ぬなり。この何くその徹底浄化の極、初めて真の世界となるとも言い得べし。

■人の真価　390

人間の真価は、その人が何時まで道を求めるか、その緊張維持の長短によって測り得べし。

■読書励行

391
生命の弾力は、読書を介してその固形化を防ぎ得べし。故に人は読書を怠らば、心の大根にすが入り始めしものと思うべし。かくいうは、何も読書が人生最上の目標などではなけれど、しかもその最上なるものが、読書を欠いては得られぬことを知るを要す。

■老成の風あって

392
人は若き間は、すべからく老成の風あるべく、年と共に次第に若返るがよし。しかもこれ、すでに佐藤一斎の道破せる処なり。

■一言以てその人を知る

393
人間も「俺の若い頃には」とか「今時の若い者は」などと云って、わが身の昔断《むかしばなし》ばかりする様になっては、もうお了《しま》いなり。その事自身が、すでに心の歩みの停滞せる何よりの証拠というべし。一言以てその人を知るとは、それ之をいうか。

394 精神界は

量的最勝は唯一なれど、精神的なる最勝はまさに無量なり。この理に通ぜざれば、未だ以て精神界のことを語るに足らず。

395 調和

調和は、これをその表より見れば和にして、これをその裏より見れば、まさに緊張関係というべし。この理は、小は一家庭一学校より、その大に至っては、国家及び国際関係にも当てはまるべし。

■己を知って

人は己が欠点は万々承知の上で、しかも黙せるこそよけれ。396

■内省の徹底

自己をその現実生活上、徹底的に突きつめざれば、真の独創的思索は生れぬものなり。ジャーナリズムの批判等には眼もくれず、ひたすら内省の徹底を期すべきなり。397

■ジャーナリズムとの距離

長年ジャーナリズムの圏内にあれば、一世の才能もついに凡庸化し了る。まことに惜しむべきの極みなり。わが国の現在においてもこの例に乏しからず。398

■物惜しみせず

ものを生まんとせば、或る程度の閑暇と金を要す。谷崎潤一郎氏は、その創作 399

欲の刺戟《しげき》を求める為に、相当多額の金を要す由。実業界の骨董《こっとう》道楽も、その外形からは単なる道楽の如くなれど、その内面は必ずしもそれのみではなからむ。けだし一世の名人の作に触れることにより、己れも又一世の事業を為さんとの、刺戟を受けるよすがとも成るべければなり。されば教師たるものも、その教養において物惜しみすべからざるの一面あるを知るべきなり。

■この世の実相 400

世の中は公平なり。こつ〳〵と金を蓄える者は早く馘《くび》になる。しかもやめても困らぬなり。修養に金を使う者は長く用いらる。世の裁きは即ち神の裁きなり。この世の実相こそはそのまゝに大調和なり。

■真の思想家 401

我が国の現在において、真に体系的思想家を以て許し得べきは、西田幾多郎《きたろう》、西晋一郎の両博士ならむ。然るに現在アカデミーにて「現代の哲学」と云わるゝ場合、多くはドイツの哲学界を意味するなり。その自覚を喪失せること驚くに堪えたり。現在西欧哲学輸入期の最初の体系的思想家たる西、西田両博士の功績は、これを儒教においていえば、まさに藤原惺窩《せいか》、中江藤樹等にも比すべきか。また筧克彦博士や『幽顕哲学』の著者鈴木重雄氏などは、後世、本居、平田の流れを汲みつつ、これを現代に展開せし人と目せらるゝの日来たらむ。

■大家を見定める 402

初学入門期における最捷径は、現代に生きながら、やがて古典的大家となるべき偉人をそれと見定めて、専念これに師事するにあり。しかもこれが看破は決して容易のことにあらず。

■皮膚感覚 403

我々の五感中、欠除して最も困るは皮膚感覚なり。最上位にありて、最も冴えているは視覚なれど、眼はいざとなれば無くても済むものなり。然るにこの最下の基底を為す皮膚感覚にして一度喪われんか、我らは恐らくはその生存を得ざるに至らむ。

農は国の本

一国最下の基盤を為すものは農民なり。百姓は一見最も鈍《どん》なるものとして、一向見栄えせざれども、しかも国家にとりて最も大切なる土台なり。基底の動揺は、それが如何に微小なりとも、全体の上に大動揺を来《きた》す。地震は極微の動揺に過ぎざれども、地上一切の大破壊を招来す。同様に農民の動揺は、如何に小さくとも、常に国運の浮沈に関す。為政の局にある者、深く考えずんばあるべからず。

404

確証

眼に見ゆるものの真偽の最終的確証は、結局は手もて触るゝの他なからむ。また距離感の実感は、結局は歩いてみるの外なかるべし。故に歩行を忘れし人間は、多くは現実感に欠ける人間となる。

405

406 ■真学の道

真学の道に従う者は、その全生涯を永世の道に捧げるものとして、一国の宰相といえども譲らざるものあるべきなり。いわんや知事如きをや。かくの如き気魄《きはく》内になくんば、もとより真学の道を拓くべからず。

407 ■話

話は老人を老人臭くあしらわず、また若き者を子供臭く扱わぬ心掛けが大切なり。同様に小学児童に対する話し方の秘訣は、大たい二年くらい上級の扱いをすることなり。例えば三四年生には、ほゞ五六年生に話すが如き態度にて話せば、相手を自重せしむるを得む。

408 ■家人に語る

高学年の生徒に話す場合は、その話を生徒自身が、下級生に話し得ることを念とすべし。また下級生に話す場合は、子ども達が家に帰って親に話すことにより、教師の真意を親たちにも通ずるよう心掛くべし。かくして、教師はつねに子どもを通して、その家人に語るの心あるべきなり。

■真の書物とは

真の書物とは、一瞬も止むことなきこの大宇宙の生命の、ある瞬間を固定せしめしそれぞれの断面というべし。故に読書は常に生命の凝固を融かして、生命を如々流動に還元せしめんことを要す。それには、所謂パラフレーズの如く、なるべく書籍の文字を用いずして、しかも出来るだけ原意に近き言い換えを試みるも一つの手掛《てがか》りならむ。

409

■三種の理

理に三種あり。義理と道理と理屈となり。そのうち義理は、理の最も深く人格化せられしものにて、理屈とは生ける道理を、只その形骸《けいがい》の一端にて捉えて、これをあげつらうものなり。

410

教科書心読

教案の作製に当っては、あまり詳細なる参考書などは見ず、児童用教科書を徹底的に心読して、その中よりわが心に触るるものを見出して作成するが可ならむ。わが心に触るる処なくんば、一時間の授業もついにわが物とはならぬなり。しかもかく児童用書のみを見て教案を作り得るは、日頃一流の書に親しみて、その見識を養い置かざれば到底出来ることにあらず。

411

天地間に立つ

常に一流の書に親しみて、この現実の天地人生を統一的に見る眼が開かれて居れば、一々の授業の中にも、大宇宙の映現としての一小宇宙を見るを得む。このとき身はたとえ田舎の一小学校にあるも、よく天地の間に卓立するを得む。

412

教師の心眼

教育者の心眼には、つねに世界を背景とする我が国の現状が映じて居るべきな

413

り。その心眼裏、全日本国を映ずることなくして、如何にして次代の国運を荷負する小国民を教うるを得む。

真の教育 414

真の教育は、わが教えつつある生徒が、他日その専門の職分において、それぞれ第一流の指導者となりて、国家社会に奉仕せむことを期すべきなり。この気魄この見識なくしては、教育の真に徹するはずなし。

発問重要 415

研究授業とても、特に教案を複雑にするの要はなからむ。但し重要なる発問は、必ず用意して記し置くが可ならむ。けだし授業進展の契機となる発問なればなり。

読書の後に 416

書を読むは、必ずしも人生終局の目標にはあらず。読書は他日大道をひろめんが為の準備に過ぎず。いやしくも他日の雄飛を期せんとする者は、かねて養う処なかるべからず。

■言葉を慎しむ 417

我われ小人は、言わずにいては分からぬと思うて、つい口に出して言う。そこで全く台なしとなり、さらにはむさきものともなるなり。

■連絡細やかにして 418

某校長、面識薄き間柄なるに、葬式当日のとり込み中にも拘らず、当日その学校を見学せし挨拶状を寄こされたり。これ容易に出来ぬことなり。その学校のよく整えるも偶然にあらざるなり。一般に、そう思っては居たがやらなかっただけというは逃口上というものなり。否自らの自反の浅きを語る以外の何物にてもなし。

■着手第一 419

実行のコツは着手の第一歩にあり。思うに着手のコツは、水泳における飛び込みのコツと同じ。眼をつむつて、ひと思いに身を躍らして、実行の大海に躍入せむことを要す。拝復と書き出してから、そのまゝ返事を延すということは、百に一つもある可らず。

■拙速を尊ぶ 420

手紙の返事は、その場で片づけるが可。丁寧にと考えて遅れるよりも、拙速を可とするなり。

■表現多様にして 421

白墨は横に見れば細長き長方形なれど、これを縦より見れば円なるが如く、真理もこれを一般論として説く場合と、如実履践《りせん》の工夫として見る場合とでは、その表現の趣を異にす。知らざるべからず。

知行合一

人は知の世界を弊履《へいり》の如くかなぐり捨てて、実行の大海にとびこむ跳躍の工夫が大事なり。もう起きねば遅れるが―と、夜具の中にて考えているは知の世界なり。この観念界を突破して、布団を蹴つて飛び起きるは、知行合一界への躍入なり。しかもこの間、まことに一毫《いちごう》を容れぬなり。

422

家康の気象

徳川家康は、その臨終に際して、家来に半弓をとり寄せさせ、矢をつがえて、はっしとばかり天井を射て没したりという。真偽のほどは分からねど、如何にも家康の気象を窺い得る咄《はなし》なり。臨終に至るまでこれだけの気魄と、生命の内的緊張なくんば、到底あれだけの偉業は出来ぬなり。げに羨《うらやま》しき限りにてこそあれ。

423

西洋と東洋

西洋の真理は眺めたものが多く、東洋の真理は身に行なって得たるもの多し。

424

425
基礎を急がず

総じて基礎形成期には、物事を急がぬがよし。

426
口の慎み

場所と相手の如何に拘らず、言うべからざることは絶対に口外せぬ。この一事だけでも真に守り得れば、先ずは一かどの人間となるを得む。

427
一心決定

自己の進路は、自分ならではやれぬ事、即ち他人の代理のきかぬ事を選ぶべし。他に、いくらでもやり手のある事などは、それらの人々に委せるが可なり。そして私心を捨てて国家の全体を見渡せば、真に大切なことでありながら、案外見捨てられている処が、見えてくるものなり。自分の利害打算を標準としている間は、それらは見えぬなり。自分の利害、損得、適不適等を忘れて、せめて自分の様な者でもこの方面に廻らねば、国家のため心配でならぬというに至つて、初めて真に一心決定するなり。

古聖賢に学ぶ　428

生涯を真実に生きんとするには、非常に強力なる信念を要す。然らざれば決して永続せず。人間は、自己の所信の正否のほどは、棺桶《かんおけ》に入った後でなければ分からぬなり。随ってそれだけの決心覚悟を要するなり。それには真の学問によって、古賢先哲の心懐に触るるを要す。

福徳一致　429

人間の真価と現世的果報とは、短く見れば合致せずとも見ゆべし。されど時を長くして見れば、福徳一致は古今の鉄則なり。

福徳一致の理　430

福徳一致の理は、都会よりも田舎にいる方がよく分かるものなり。わずか三十年四十年を回顧しても、一村における有為《うい》転変のあとを眺めれば、まことに恐ろしきまでに明かなり。

■やんちゃ程可愛いがれ 431

一学級を受《うけ》持てば必ずその中に、人間としてはやゝ粗雑なれども、向上の気概の熾《さかん》なる生徒若干はあるものなり。かゝる生徒は大きく抱擁して、余り正面からいためつけず、所謂角《つの》を矯《た》めて牛を殺すの愚に陥らぬ注意肝要なり。

■運動会 432

運動会とは、平生の観念的なるものを、肉体を通じて実現するの機会なり。されば観衆を喜ばせるはその本意にあらず。一面には衆知を合せて新趣向を凝らすも良けれど、また古き型を踏襲して、これを洗練し行くことも忘るべからず。

■量と質

質的相違と量的差違とは二而《にして》一、一而二なり。連続の非連続、非連続の連続とは、これ実相如々の姿なり。 433

■思想の機微

思想の機微は、一字の上にも現わるゝものなり。表現を離れて思想なく、表現即思想、思想即表現なり。そしてこの趣を現代において最もよく具現して居らるゝは西、西田の両博士なり。これを古にしては道元禅師、慈雲尊者の如きがそれなり。げに一字を贅す可らざるに至って、初めて真に永遠の人というを得む。 434

■教育者の言動

教育者にとっては、その一言《げん》一行《こう》こそ大なる表現なり。思わざるべからず。 435

■著述に関して

師範学校長にして片々たる著述などして喜んでいるは、多くはこれ二流者なり。436
わが考えを紙上に記すが如きは、言行を通しての具体的表現に及ばざるや遠し。
故に古来儒者先生は大名の使いものなり。毒にも薬にもならぬ人物多かりしよう
にて、この理は昔も今も変らぬなり。

■前席聴講

講演をうしろの方にて聴く時は、知らず識らず批評的になるものなり。しかも 437
批評的態度は、総じて半ばを得て半ばを失う。

■真の学者とは

ジャーナリズムを超出して、初めて真に学者というべし。438

■真の教育

相手にわからぬ事を教うるは、必ずしも教育の第一義にあらず。何人も一応は知つている事柄を、何人にも成程《なるほど》と思わしむる処に真の教育あり。しかもこれ容易のことに非ず。厳密には、けだし一世の人を要せむか。 439

■勤務の工夫

何人も、日々のわが勤めをお役目とせぬ工夫が肝要なり。今日もまた勤めゆえ行かねばならぬ、と思いつつ勤めていれば、幾十年勤務すとも畢竟自己という影法師の通り過ぎしに異ならず。 440

■修養に金は惜しまず

すべて修養には、ある程度は金惜しみせぬこと肝要なり。 441

年代において 442

人間二十代は生真面目と言われ、三十少し過ぎる頃より、少々話せる様になったと言われるくらいが可ならむ。

即実行 443

こうせねばならぬと思つた瞬間、間髪を入れず、直ちに実行に移すの工夫を力《つと》むべし。

漏さぬ工夫 444

総じて計画は、事の完成を見るまでは、絶対に口外すべからず。これ物事を成就するの根本秘訣なり。如何なるものも、完成せるものには一応の価値あり。これに反し如何に優れしものを目ざしても、中途半端に了れるものは、結局何の役にも立たず。

■専攻科 445

下学年より上学年へと連続する時、そこに自ら生命の循環が行なわれて、教育も徹底するなり。されば上下の聯絡《れんらく》なき一年切りの専攻科は、あたかも賽《さい》の河原の石積みの如し。積んだかと思えば壊わされるなり。但しそこにもよき処なしとせず。そはつねに過去への執着を捨て丶、素裸にて歩むべきことを否応なしに教えらるればなり。

■習うより慣れよ 446

実在の真生命は無限循環なり。従ってまた真の哲学書は、必ずつねに循環的表現をとる。詳しくは西、西田両博士において見るべし。故に哲学書は、いわゆる習うよりは慣れよにて、幾度か温め直して居るうちに、次第に了解のゆくものなり。

447
■組織

生は平生、秩序、組織の無視すべからざるを承知すべし。されどまた時あっては、秩序組織を忘るる一面なくんば、人間が窮屈となるものなり。かの老子に所謂「居って居らず」とは、けだしこの謂いか。

448
■趣味

趣味は対手なくとも楽しみ得るものが佳。故に勝負事は避けるがよし。明治天皇の御趣味は和歌と刀剣なりしという。これ侍臣のお相手を要せざるに因《よ》るとの事なり。御心懐のほどを思うべきなり。

449
■囲碁、将棋

碁、将棋などは、全然知らぬもやぼなれど、さりとて余りに深入りするは如何あらむ。

■職員室机上 450

職員室の机の上は、とかく殺風景になり勝ちなり。されば何か一つくらいは、それを眺める瞬間だけなりと、別天地に遊ぶが如き物ありたきものなり。相当の硯《すずり》など如何にや。

■部屋を飾る 451

室に揚ぐる書画の類は、余りに自己の専門に近からぬ方が可ならむ。その人の存養の背後も窺えて床しきが佳。

■必至の一道を 452

他人はともあれ、自己一人は必至の一道を歩むべし。やがて独自の世界も自ら開け来るべし。

下位を内含する

実在の次序にありては、上位の段階は、常に下位の段階を内含するなり。かくてわれわれ人間は、最上位に位するが故に、動物的なる消化作用、植物的なる体液循環作用並びに鉱物的なる骨骼《こっかく》を内包するなり。 453

自ら験す

人間界の秩序においても、上位者はつねに下位者を包摂す。しかも人間は、一度は自ら経験せることならねば、その実情はよくは分らぬものなり。その意味からは教師の如きも、一度は使丁の経験あるが望ましともいうを得む。使丁の立場より眺めし教師の相は果して如何あらむ。 454

霜雪を経て

素質の俊秀聡慧《そうけい》なる人の、若くして名を為すは、その人のために惜しむべし。 455
所謂霜雪を経ぬ人間となればなり。人は霜雪を経ざれば、直線的平面的には一応進むとも、次元の飛躍展開は不可能なり。現世的に遮断《しゃだん》せられて、一度は絶望の淵に沈みし人にして、初めてよく人生の真の深さを知るを得るなり。

■老子的世界観 456

われわれ人間は、一面老子的世界観を要す。一切の進歩を空じて、人間万事つまらぬものと、一応は観じた上での努力ならねば、進歩というてもまた行き詰るなり。されば何処までも愚者の自覚に立ちつゝ、しかも日々に新たにして、初めて個人としても人間としてのこくを生ずるなり。

■仏性を拝む 457

自分より遥かに下位の者にも敬意を失わざるに至って、初めて人間も一人前となる。生徒への答礼は、本とこれ相手の仏性に対するもの、その鄭重《ていちょう》を失わざるは、相手の仏性を拝み出さんが為なり。松陰先生の門弟らの記せる先生の面影には、異口同音に、弟子に対する先生の言葉の鄭重を極めしを記す。これによっても先生が、世の所謂志士型の人のみにあらざりしを知るべし。誠に三省を要す。

■年長者に肯く

自己の所信の適否を確かめんとせば、先ず五十歳以上の人について正すべし。458
その時青年をして肯ずかしむるように話し得る人は大なり。

■「永生」

青年時老成の風あり、年老いて青年の気ある、これを「永生」という。459

注　記

一、この語録は、森信三先生が大阪府天王寺師範学校において哲学倫理の授業中、講義の合間々々に話された談話を、筆録したものについて、更に先生の訂正加筆を乞うたものである。

一、従って、もとより一貫した意図のもとに講述されたものではないが、しかし講余に出た談話なるが故に、却って端的に先生の深き思索と体験とを窺いうるかと思われる。

一、筆録は一に大平馨氏の労に依る。記して茲に深謝の意を表する。

斯道会

昭和十二年一月

＊このたび『下学雑話』発刊に当り、現代仮名遣いに改めました。但し、結語の「む」の表記は、旧のままにしました。

〈著者紹介〉
森　信三
明治29年愛知県生まれ。大正12年京都大学哲学科に入学し、主任教授・西田幾多郎の教えを受ける。卒業後、同大学大学院に籍をおきつつ、天王寺師範学校の専攻科講師となる。

昭和14年、旧満州の建国大学に赴任。敗戦により新京脱出。同21年6月無事生還。同28年、神戸大学教育学部教授に就任。同35年、神戸大学退官。同40年、神戸海星女子学院大学教授に就任。同50年、「実践人の家」建設。平成4年11月逝去。「国民教育の師父」と謳われ、現在も多くの人々に感化を与え続けている。

著書は、『真理は現実のただ中にあり』『人生二度なし』『修身教授録一日一言』『森信三 教師のための一日一語』『家庭教育の心得21』『女性のための「修身教授録」』『森信三一日一語』『人生論としての読書論』『10代のための人間学』『父親のための人間学』『森信三訓言集』『理想の小学教師像』『若き友への人生論』『森信三 運命を創る100の金言』（いずれも致知出版社）など多数。

下学雑話《かがくざつわ》

平成三十年二月二十日第一刷発行

著者　森　信三
発行者　藤尾　秀昭
発行所　致知出版社
〒150-0001東京都渋谷区神宮前四の二十四の九
TEL（〇三）三七九六―二一一一
印刷・製本　中央精版印刷
落丁・乱丁はお取替え致します。　（検印廃止）

ISBN978-4-8009-1171-1 C0095
ホームページ http://www.chichi.co.jp
Eメール books@chichi.co.jp

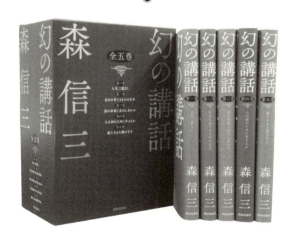